El Cristiano De Estos Tiempos Confundido Por Los Primeros Cristianos, 2...

Louis-Antoine Caraccioli

Nabu Public Domain Reprints:

You are holding a reproduction of an original work published before 1923 that is in the public domain in the United States of America, and possibly other countries. You may freely copy and distribute this work as no entity (individual or corporate) has a copyright on the body of the work. This book may contain prior copyright references, and library stamps (as most of these works were scanned from library copies). These have been scanned and retained as part of the historical artifact.

This book may have occasional imperfections such as missing or blurred pages, poor pictures, errant marks, etc. that were either part of the original artifact, or were introduced by the scanning process. We believe this work is culturally important, and despite the imperfections, have elected to bring it back into print as part of our continuing commitment to the preservation of printed works worldwide. We appreciate your understanding of the imperfections in the preservation process, and hope you enjoy this valuable book.

EL CRISTIANO
DE ESTOS TIEMPOS,
CONFUNDIDO
POR LOS PRIMEROS CRISTIANOS.

Formado de nuevo en Francés,

POR EL MARQUES CARACCIOLO:

Traducido y aumentado en Castellano

Por D. Francisco Mariano Nipho.

TOMO SEGUNDO.

SEXTA IMPRESION.

CON PRIVILEGIO,

Y LAS LICENCIAS NECESARIAS.

En Madrid: Por MIGUEL ESCRIBANO.
Año de 1788.

Se hallará en la Libreria de Correa, frente de San Felipe el Real, con las demás Obras del Marqués Caracciolo.

EL CRISTIANO
DE ESTOS TIEMPOS
CONFUNDIDO
POR LOS PRIMEROS CRISTIANOS.

CAPITULO PRIMERO.

LA VIDA DE LOS Cristianos no puede ser santa, sino en quanto se ocupen en la memoria de la muerte.

Es digno de asombro el vér la insensibilidad de los hombres sobre un objeto tan terrible como la muerte. Continuamente se les está advirtiendo, y avisando con los entierros de sus parienrientes, y de sus amigos, con las enfermedades que incesantemente experimentan en sí mismos, de que su fin no está lexos: construyen palacios, y se abisman en regocijos, como si hubieran de ser eternos en el mundo, y como si no hubieran de dar cuenta de sus acciones, ni á su conciencia, que sin cesar les echa en cara sus desordenes, ni al Dios Supremo que nos juzgará con todo rigor.

El Espiritu Santo no nos encarga superfluamente que pensemos en nuestro ultimo fin, y asi leemos que los primeros Cristianos nunca perdian de vista este objeto. Yá era la proximidad al martirio la que los obligaba á estar dispuestos para consumar su sacrificio; y yá la representacion que ellos mismos se hacian de su ultimo mo-
men-

mento: todo les retrataba la imagen de la muerte. Los años que desaparecian unos tras de otros; los arboles y las flores que se despojaban succesivamente de sus hojas; los alimentos, que son otros tantos remedios para hacernos subsistir, les trahían á la memoria que todo pasa, todo finaliza, y que nosotros mismos no somos mas que una sombra; y que el Universo entero no es mas que un átomo que tendrá su fin.

De aqui nace que ellos usaban de este mundo como si no usáran de él; y consideraban su vida sobre la tierra, como una mansion en una posada, donde no se está mas que de paso. Jesu-Cristo les enseñó, que vendria como un ladron, que los que no tubieran aceite en su lampara quando llegase el Esposo, serian condenados á eternas tinieblas, y asi estaban siempre en el mayor desvelo: no se acostaban sino considerando su lecho como un sepulcro, y no despertaban sino mirando el dia que los iluminaba, como aquel que podia ser el ultimo de su vida. La muerte, y siempre la muerte, era el asunto de sus discursos, y meditaciones. Todos la temian como precursora del juicio de Dios, y todos la deseaban como principio de la verdadera felicidad.

Oh! ¿qué diferencia entre esta conducta y la nuestra? Nosotros nos llamamos Cristianos como los primeros hijos de la Iglesia, y nosotros ya no hablamos de la muerte, como si nunca hubiera de suceder; y recurrimos á quantos medios son imaginables, y á todos los

los placeres del mundo para apartar de nosotros su idea. Hasta el viejo, cuyo medio cuerpo está ya en algun modo en el sepulcro, quiere que se le divierta para que se le distraiga de su ultimo fin, quando deberia pedir á todos los que trata, que solo le hablasen de este grande y terrible objeto.

Pero lo que mas asombra, es ver mugeres que ocultan sus arrugas, y disimulan los años, como si sus estratagemas pudieran hacer retroceder el límite que el Señor mismo ha puesto para termino de sus dias. La muerte está continuamente en medio de nosotros, como ha estado siempre entre los hijos de Adam; ya sofocando á éste, ya degollando aquel; y nosotros la miramos por la parte que la alexa, al modo de aquel que cree

que

que un edificio está infinitamente alexado, porque le mira con un vidrio que aparta el objeto.

No hubiera hecho el luxo tantos progresos entre nosotros, si hubieramos pensado continuamente que estos muebles con que adornamos nuestras casas; esos vestidos con que nos engalanamos; serán prontamente hacienda de nuestros herederos, ó alimento de algun incendio: si hubieramos pensado continuamente que nuestra afeminacion, y toda nuestra sensualidad han de finalizar, quanto mas antes, en putrefaccion que nos ha de destruir, y en un hedor que nos hará el horror de la naturaleza humana, y el espanto de todos.

El verdadero Cristiano abre cada dia su sepulcro con la meditacion, con la que se representa el
ins-

instante de su muerte y sepultura. Vé que alli, sin amigos, sin riquezas, sin aplausos, fama, ni consolacion, se incorporará con la tierra que se pisa; que sus huesos se convertirán en polvo; que sus titulos se borrarán; que todos los siglos serán para él, como si no hubieran sido; y que solo su alma, que es una region desconocida de nuestros sentidos, subsistirá á la vista de un Dios remunerador ó vengador.

Confieso que es terrible este espectáculo; pero es mui oportuno para elevarnos sobre nosotros mismos, y acercarnos al cielo. Permitiera Dios que ocupára el lugar de todas las obras de teatro, con las que diariamente se nos entretiene; y que no hubiera en el mundo otra tragedia que la nuestra,

que

que cautivase nuestra atencion. Bien se puede dar este nombre al desenredo ó catástrofe terrible que ha de finalizar los actos de nuestra vida: desenredo que hizo estremecer en otro tiempo á una multitud de Santos, y que á nosotros nos ocupa menos que el dia de ayer, que nunca ha de volver.

Podemos decir que el mayor numero de los Cristianos no ván, ni vienen sino para arrojarse en abismos eternos. Atentos á executar todo lo contrario de lo que la Lei de Dios les prescribe, no trabajan sino para hacer mas formidable su muerte; y asi vemos en aquel fatal instante no despertarse sus sentidos sino para pensar en los bienes carnales, y para obligar á los que tienen al lado, que no les hablen, sino quanto menos,

nos, y mas tarde fuere posible, de su reconciliacion con Dios y con la Iglesia; ¿pero cómo puede esperarse reparar toda una vida empleada en delitos, con el arrepentimiento de un instante, que produce acaso solo el miedo del infierno? Sin embargo, este suele ser el fin del mayor número de los hombres, que parecen enteramente Cristianos: mueren como vivieron, llenos de quimeras y proyectos; y llenos de ansias por placeres y riquezas. Se inciensan sus cuerpos, se entierran, se ruega por su alma, y ésta suele ser presa de los Demonios.

Qualquiera Lector que leyere estos renglones, éntre dentro de sí mismo, y estoi seguro que si se juzga rigurosamente, como ha de juzgarle Dios algun dia, tendrá motivo para temer que le suceda
el

el destino que acabó de expresar. San Pedro nos dixo que apenas se salvará el Justo, *vix Justus salvabitur*; ¿y quién no temblará quando volviere en sí, quando se acuerde de sus negligencias, descuidos ó excesos, de sus desordenes, ó fragilidades? No hai alguno de nosotros que no necesite pedir á Dios perdon, diciendo: ¡oh, Señor, no os acordeis de los extravíos, é ignorancias de mi juventud! (*)

San Bernardo excitaba su fervor, diciendose á sí mismo mui á menudo, en medio de los Religiosos con quienes vivia: Bernardo á qué has venido aqui? *Bernarde ad qui venisti?* Los Cristianos habian de hacerse la misma pregun-

_____

(*) *Delicta juventutis meæ & ignorantias ne memineris Domine.*

gunta, y repetir incesantemente ¿á qué hemos venido al mundo, sino para aprender á morir bien? Así es; porque nuestra vida, ni es respetable, ni digna de elogios, sino en quanto es un ensayo contínuo de la muerte. Debemos tomarle el gusto á cada instante, segun la expresion de un Padre de la Iglesia, para disgustarnos de los bienes terrenos. Al principio nos parecerá amarga, pero insensiblemente se convertirá en dulzura, en tanto extremo, que mirarémos nuestro propio féretro como fin de las vanidades del mundo, y medio para llegar al Cielo.

¡Qué mudanza habria en nuestras costumbres y en nuestras casas, si todos los Cristianos consideráran incesantemente en la muerte! La Corte estaría sin ar- ti-

tificios, el Comercio sin fraudes, las Ciudades sin desordenes, y los despoblados sin robos: todos llevarian su alma en sus manos para restituirsela en cada instante al que la crió, y que nos la ha de pedir. Cada uno por sí tendria una guardia en sus labios, y al rededor del corazon, y ninguno obraria sino mirando cada accion como la ultima de su vida.

Si no hubiera muertes repentinas entre los hombres, y si esta especie de muerte nos fuera desconocida, justificariamos sin duda nuestra conducta, diciendo que teniamos tiempo de prevenirnos, quando el Señor quisiera llamarnos á sí. ¿Pero qué disculpa podemos alegar, despues de haber visto, y oído decir mil veces que algunos han muerto repentinamente te en el campo, y otros en medio de un festin, de un baile ó sarao? Ay! ¿quién puede ignorar que la muerte siempre ansiosa de sobrecoger á los hombres, los sorprende á casi todos quando la creen mas distante? Temen todos tanto el prepararse para morir, que el que está extenuandose en una cama muchos años, abrumado de dolores, y enfermedades, aun no cree que espira estando en la ultima hora. El viejo que llega hasta la edad mas decrépita, tampoco acierta á persuadirse que no puede pasar mas adelante: si dice á los que le asisten ó acompañan, yo me muero, lo dice solo para que los lados le consuelen y le adulen, diciendo lo contrario que él dice.

Con todo, este mundo tal qual hoi le vemos, no es mas que la posteteridad de personas que ya no viven, resulta ó residuo de todos los hombres, que reducidos en polvo, no han dexado despues de sí ni aun la memoria de su nombre vano. Si exceptuamos por cierto algunos individuos, á quienes sus hazañas, talentos ó dignidades harán célebres por algunos años, todo pereció, y todo se ha olvidado. En nuestras mismas casas vemos retratos, cuyos originales quizá ignoramos: aun dudamos tambien cómo se llamaban aquellos á quienes representan, porque el tiempo llega al cabo de arruinarlo y deshacerlo todo. Una muerte hace olvidar otra; y apenas estaremos nosotros enterrados, quando con toda diligencia nuestros parientes, y amigos nos desviarán de su corazon y memoria

So-

Solo el verdadero Cristiáno, solicitando continuamente distraherse de las vanidades del mundo, y de las locuras del siglo, se representa todos los hombres que ha visto morir, y esto le sirve de motivo para meditar su propria muerte: caba en algun modo las entrañas de la tierra, no para sacar de ellas diamantes, oro, ó piedras preciosas; sino para vér allí el paradero de las grandezas humanas, y para vér tambien anticipadamente, qual será dentro de poco tiempo su sitio, quando la muerte le arrebate, y eche fuera de su propria casa, y quando le habrá reducido á que sirva de alimento á la putrefaccion, y á los gusanos.

¡Oh, qué destino! dentro de breves dias no tendremos otra sociedad que las sombras y horrores de la sepultura; y bien pronto, puesta con violencia y esfuerzo una lápida sobre este cuerpo que conservamos, y regalamos con tanta sensualidad, nos apartará de la vista de todos. Pasarán, y se renovarán infructuosamente, meses, estaciones, y años, pero nosotros no participarémos de su renovacion, sino quando llegue el tiempo de la resurreccion; aquel tiempo señalado en los decretos eternos, que vendrá á reanimarnos. Entonces, tomando nuestra primera forma, y nuestros miembros derramados, por efecto del mismo poder que nos sacó de la nada, resucitarémos en nuestra propria carne para ser instrumentos de misericordia, ó de maldicion para siempre.

¿Pues cómo estas verdades tan sérias, ó mas bien tan terribles, no lla-

llaman la atencion, quando la relacion de alguna novela ó aventura fabulosa nos mueve, y nos saca comunmente de nosotros? ¿Qué no somos Cristianos, sino para perder de vista los grandes objetos de la Religion? ¿Ignoramos que ninguno puede ser del número de los escogidos no ocupandose en la memoria de la muerte, ni del Cielo? ¿Ignoramos que quanto es mas terrible esa muerte, mas triste, y lúgubre, nos servirá mas para expiar nuestros delitos y vanidades? Solo aceptandola con resignacion, como Jesu-Cristo mismo la aceptó, podrémos obtener las misericordias que solicitamos.

Fuera de que la muerte es introduccion á la Patria Celestial, y el Cristianismo no tiene otro objeto que aquella divina morada: qualquiera que no la desea con ansia, es indigno de conseguirla; y esta es la razon por qué todos los dias pedimos al Señor que venga su Reino. Los Justos de todos tiempos suspiraron por la felicidad eterna : el Apostol se lamentaba continuamente de la dilacion de su destierro, y no tenia otros deseos que verse libre de los lazos del cuerpo para unirse á Jesu-Cristo: *cupio dissolvi, & esse cum Christo.*

Todos los ayunos de la Iglesia, todas sus fiestas, ceremonias, é instrucciones, no llevan otra mira, ni tienen otro blanco, que elevar á los Cristianos al Cielo. Allí nos esperan los Santos, y desean repartir con nosotros los torrentes de delicias en que ellos están embriagados: allí tubieron dichoso fin

fin las esperanzas de los Discipulos de la Cruz, y donde están las palmas, y las ropas teñidas con la Sangre del Cordero.

¡Quién me concederá, debe decir á cada instante un verdadero Cristiano, vér con mis propios ojos la gloria de mi Dios! verme libre de las miserias de esta vida, descansar en el seno de Abraham, y hallarme en el centro de la justicia, luz y verdad! El Cielo es la verdadera perspectiva de una alma inmortal. ¡Desdichados de aquellos que no miran este objeto! Gustad, dice San Pablo, de las cosas que son superiores á nosotros, y no las de la tierra. *Quæ sursum sunt sapite, non quæ super terram.*

Quando uno no se ocupa en otra cosa que en la eternidad, encadena sus pasiones, y no permite que corran otros deseos, que aquellos que son dignos de la santidad de nuestra vocacion. Los Santos no se elevaron sobre el mundo, sino porque su corazon estaba todo en el Cielo; y fueron insensibles para todo lo que no los acercaba á Dios.

Vanamente se exagera la virtud de los que desvian de sí la memoria de la eternidad, como un pensamiento lugubre, é importuno. El Cristianismo pide que todos nos familiaricemos con la muerte, y que esta memoria tenga parte en todas las acciones de la vida cristiana. No es permitido tenerla, ni asustarse al verla, sino relativamente á los juicios de Dios; porque si se siente su llegada, y uno se aflige al dexar los bienes del mundo y renunciar los honores

res y riquezas, este tal no es digno de ser discípulo de Jesu-Cristo.

Esta reflexion debe convencernos de que hai pocas personas que cumplan con las obligaciones de un verdadero Cristiano. Todos comunmente se dedican á exercicios que son loables en sí mismos, pero que no constituyen la esencia de la Religion. ¿Quién es el hombre que no tenga un fuerte apego á los bienes perecederos de esta vida, y que no se estremezca quando se le anuncia su privacion? Nosotros nos formamos lazos y prisiones de todo lo que debemos despreciar, ó quando menos dexar; y estos vinculos y cadenas forman nuestros afectos; de modo que nuestros deseos, asi como nuestros pensamientos, son absolutamente terrenos y carnales. Sé

mui

mui bien que la naturaleza no puede aniquilarse enteramente; pero sé tambien, que si la gracia no triunfa de ella, nuestra Religion es vana. El que no tiene sacrificios que hacer á Dios, ó disposicion para hacerselos, yá está juzgado.

Nuestras posesiones, y nuestras vidas son bienes, de los que solo tenemos el usufructo, riquezas prestadas, que hemos de restituir enteramente, sin quexarnos, ni murmurar, luego que Dios nos las pida. Nadie se aflige de restituir un depósito. La muerte, pues, de nuestra parte ha de ser un acto de sumision: yo consiento voluntariamente ¡óh, Dios mio! exclamaba San Juan Crisóstomo, en ser cadaver y ceniza, pues que Vos lo habeis ordenado; y este retrato, aunque de suyo es tan odioso, me con-

consuela, luego que le considero formado segun el plan de vuestros eternos designios.

¿Quién será aquel que no sufra los mayores abatimientos y humillaciones, si estos le hubieran de levantar á ser Rei? dice San Bernardo. ¿Y quién es, por la misma razon, el que se aflige de los horrores de la muerte, supuesto ser ellos la condicion necesaria para llegar á la mayor gloria que se puede imaginar? Se toleran mil infortunios, é inumerables heridas por adquirir algun grado en los Exércitos: se expone el hombre á mil tempestades y peligros, tanto por tierra como por mar, para hacer una fortuna de pocos dias; y se quexa de las enfermedades, y de la muerte, que han de introducirle en el verdadero pais de los vi-

vivos, y en el Reino mismo de Dios.

No se oigan mas entre nosotros las quexas y lamentos que formamos sin cesar contra la muerte: pensemos en que no hemos nacido sino para morir, y que nada nos importa vivir largo tiempo; pero sí el vivir bien, segun la reflexion de un Pagano: pensemos en que no debemos aficionarnos á lo que puede quitarnos la muerte, para que podamos decir con San Pablo; ó muerte ¿dónde está tu victoria? *O mors, ubi est victoria tua?*

Las buenas obras, dice el Apocalipsis, siguen á los que las han hecho, y estas son las verdaderas riquezas, de las que debemos hacer grande provision. Sin esto aparecerémos con las manos vacías á presencia del Señor severo, que pi-

pide que fructifiquen los talentos; y que no dará sino á los que tubieren. *Dabitur etiam habenti.*

Estas verdades lo han sido en todos tiempos: y lo que hai mas terrible en ellas es, que el mayor numero de los que las oyeron y entendieron han muerto sin aprovecharse de su doctrina, y que nosotros tambien vamos muriendo oprimidos de semejante maldicion.

Yá es hora de que despertemos de nuestra soñolencia ó letargo: estos renglones que leemos puede ser que sean el ultimo aviso que nos dá Dios; y quando no lo sean, no será menos cierto que nosotros amontonamos sobre nuestras cabezas otros tantos carbones de indignacion, quántas ocasiones malogramos de convertirnos: nuestra vida corre, pero nuestros

tros pecados subsisten, y la misma mano de Dios vivo los escribe en un libro que permanecerá por toda su eternidad: un libro que se nos pondrá delante al fin del mundo, y en el que verá el pecador mismo con letras de fuego escrita su condenacion (*).

Estas reflexiones son tanto mas terribles, y merecen tanto mas nuestra atencion, quanto que basta una calentura de veinte y quatro horas, ¡qué digo yo! un accidente de un minuto, para hacernos experimentar esta verdad. El hombre mas jóven, y robusto pasa del tiempo á la eternidad, sin que eche de vér esta asombrosa revolucion, has-

_____

(*) *Liber scriptus proferetur,*
In quo totum continentur,
Unde mundus judicetur.

hasta el instante mismo en que se halla delante de su Juez, y de su Criador.

Entonces se conoce todo lo que vale haber servido á Dios con fidelidad; y al contrario, gime, y se desespera el que empleó mal los dias de esta vida mortal: esto solo habiamos de mirar en el mundo. Si nos franqueamos los Cielos á esfuerzos de nuestra fé; y si continuamente nos representamos el terrible momento en que hemos de ser juzgados: se reanimará nuestra caridad, y harémos penitencia de nuestros desordenes. No hallaba San Gerónimo remedio mas poderoso para amortiguar la violencia de sus tentaciones, que pensar en la trompeta del juicio final; de aquella trompeta, cuyo sonido resucitará los muertos, hasta en los profundos sepulcros, y que será la señal de un trastorno, y ruina universal. Juzgaba que siempre la oía; y esta felíz y santa ilusion le contenia en un temor saludable, y en un incesante temblor.

¡Qué notable diferencia entre la conducta de este Santo Doctor, y la nuestra! ¡Ay! nosotros aunque abrumados de culpas, vivimos con tal seguridad, que parece tenemos palabra de Dios mismo, de que no morirémos sino quándo, y como queramos, y que no puede faltarnos el Cielo. Con todo si alguno debe temblar á cada instante, es sin duda nuestra generacion, que se diferencia mas de los primeros Cristianos, que la noche del dia. ¿Qué dirían de nosotros aquellos hombres verdaderamente evangélicos, si volvieran
á

á vivir entre nosotros? ¿Creerian que nosotros somos succesores suyos?

¡Qué Moral! qué costumbres! dirían ellos llorando. Mirarían nuestras casas como lugares escandalosos, en razon del luxo, y la inmodestia que reina en ellas: horror les causarían nuestros vestidos, como libreas del mundo, y del demonio, irritarían su indignacion nuestras comidas, considerandolas como obra de la profusion, y sensualidad; y se quedarían yertos de temor y espanto al vér nuestras profanas ocupaciones, nuestras lecturas delinqüentes, y nuestros gustos perversos.

CA-

CAPITULO II.

NINGUNO PUEDE asemejarse á los primeros Cristianos, sino imitando su candor y sencilléz.

SE ha de hacer distincion entre ignorancia y sencilléz: la una es un vicio que lleva tras de sí extravagancias y desórdenes de toda especie, y que engaña la conciencia, del proprio modo que ofusca el entendimiento: la otra al contrario, es una virtud, que pone al hombre mas sublime al igual del mas ordinario, que solo ama la rectitud, y no busca mas que la verdad; y asi San Bernardo dice positivamente, que la ignorancia no ha hecho, ni un Santo, y la sencilléz los ha formado casi todos.

¿Quién nos concediera que volviéramos á ver entre nosotros aquella dichosa sencilléz que se manifestaba en los primeros Cristianos? Enemigos de la obstentacion, tanto en palabras como en pensamientos, en obras como en escritos, en sus casas como en sus vestidos, nada estimaban sino aquello que hace al hombre agradable á los ojos de Dios. Aprendieron, leyendo los libros sagrados, que la eloqüencia mas noble es la mas simple: que el talento mas admirable es el mas natural; y que la verdadera virtud, es la que no gasta afectacion, ni disfráz. Y de aqui provenia, que en su conversacion no habia equívocos, ni en sus procederes dobléz; y sus obras no tenian otros adornos que los de la Religion y la verdad. No obstentaban como nosotros un vano ingenio, *ó bello espiritu*: no iban trás de una frase buscada, ni ponian su imaginacion en tortura, para estrechar su pensamiento en un antitesis, ó en una epigrama. La razon sugería siempre lo que habian de decir, porque procuraban enseñar, y no lucir.

¡Quánto se han mudado los tiempos! Hoi se trata la sencilléz de necedad, y aun de estolidéz, aunque el Evangelio nos encarga que seamos simples como palomas: aunque el Espiritu Santo honra con el nombre de sencillos el mayor numero de los Justos de quienes hace el elogio. De este

mo-

modo se explica sobre el capitulo de Job, sobre el de Josef, y sobre el de Simeon, *vir simplex & justus*; y de este modo hemos de ser nosotros si queremos conseguir el Reino de los Cielos (1).

La ciencia infla, ó ensoverbece, dice el Apostol, y sin embargo nosotros no procuramos adquirir esta ciencia, sino para fomentar nuestro amor propio, y darle mayor buelo. Todos aspiran á que brille en conversaciones, ó en libros nuevos todo lo que han aprendido, para ensalzarse á sí mismos, y humillar á los otros: cada uno se aplaude quando cree que habló bien, y de aqui se toma ocasion de reputarse como un perso-

___

(1) *Nisi ifficiamini sicut parvuli, non intrabitis in Regnum Cælorum.*

nage unico, ó como un hombre universal. ¡Con qué obstentacion el ingenio, *ó bello espiritu*, antípoda, y enemigo de la humildad cristiana, se presenta todos los dias, y en todas las ocasiones en las concurrencias! ¿No es la manía ó frenesí de nuestro siglo, no creer cosa alguna, con el temor de parecer demasiado crédulo, y negarlo todo, para no manifestar que hai cosa que le admire?

¡Ay! casi no hallamos oy persona que no se inche ó entumezca, y que no se jacte, ó halle particular complacencia en lucir á costa de su próximo, y á veces tambien á expensas de la Religion: no se ha declarado la impiedad sino para realzarse en sabiduría sobre los demás: para merecer el titulo de Filósofo, que se concede por el el mayor de los escandalos y abusos, al que blasfema con mas ingenio. El Pueblo mismo siente yá que se le dé ó ponga la nota de simple; y si no halla socorros en su genio para que suene su orgullo, se vale de la astucia, y vende la sagacidad por sabiduría.

De aqui nace el deseo inmoderado de salirnos de la linea y límites que señalaron nuestros padres: aquel deseo desordenado de querer sacùdir el yugo de la fé: aquel modo, ó moda de hablar ó pensar diversamente de los que nos precedieron: aquella afectacion en pintar en nuestras obras, en nuestras costumbres, y aun en nuestros vestidos un cierto refinamiento, que se puede llamar el cúmulo de lo ridículo: de aqui proviene aquella variedad en usos y gustos, que nos hace tan extravagantes, y que nos precisa á transformarnos tantas veces, quantas creemos poder conseguir nuevas ocasiones de atraer la atencion y admiracion del público: de aqui resultan por ultimo, el arte y afectacion que se echa de vér oy en nuestras obras, discursos, y hasta en los sermones.

Párece que las oraciones mismas son mejores quando son mas estudiadas: que las instrucciones persuaden mas quando lucen con diccion y frases elegantes. En consecuencia de esto: ¡qué esfuerzos no se hacen para hablar á Dios, y de Dios con expresiones nuevas! Nadie considera que Dios no oye sino el idioma del corazon, y que las mas estudiadas oraciones no son mas que timbales ruidosos, quando solo ora el ingenio. Leamos
los

los libros mismos de devocion que se escriben de cinquenta años á esta parte, y notarémos que no tienen aquella mocion que hai en los libros antiguos de devocion. Los modernos, es verdad, que lisongean al entendimiento, pero no mueven el corazon; y de todo esto resulta, que toda nuestra piedad y devocion no es mas que palabras.

¿Quál puede ser la causa de estas desdichas, sino ese luxo escandaloso que ha transformado nuestras casas en otros tantos palacios, y que se introduce por todas partes con la mayor pompa é indecencia? Yá no se trata entre nosotros, sino de conocer y perfeccionar artes y manufacturas frívolas, y en ahuyentar todo lo que huele á penitencia ó moderacion.

Qualquiera que huye de los placeres y honores, se reputa por un idiota ó necio: qualquiera que profese sencilléz y candor, no tiene que esperar sino mofas y menosprecios.

¿Es esto lo que el Evangelio nos enseña? ¿y nosotros creemos que somos Cristianos siguiendo el torrente del mundo y las máximas del demonio? ¿Hemos olvidado que todos los Santos que invocamos fueron pobres de espiritu, y que toda su gloria, y toda su ambicion no tubieron otro objeto, que el gusto de ser desconocidos? Los unos se refugiaron á las grutas para olvidar el mundo, y ser de él olvidados: los otros ocultaron los pensamientos mas sublimes con exterioridades despreciables para los ojos de la carne. Anhelaban por
los

los oprobrios, á imitacion de su divino Maestro, y no lograban verdadera alegria sino quando se les calumniaba, y se hacia de ellos burla.

Asi es que el Espiritu Santo nos enseña, que los malos á la fin del mundo se acusarán de haber despreciado á los escogidos, y haberlos tratado de necios. Su vida, dirán ellos entonces, nos parecia una locura, y ahora los vemos proclamados como amigos de Dios. Las acciones ruidosas, ni las hazañas memorables no pueden hacernos preciosos para los ojos divinos. Un vaso de agua fria dado á estimulos de verdadera caridad merece recompensa; y la gloria de mudar montes es absolutamente inutil si no tiene á JesuCristo por objeto.

Es-

Esta es la razon por qué la Sagrada Escritura no alaba mas que las obras de piedad; y que los mayores Emperadores, y los mayores Filósofos de la antiguedad, que atolondraron el mundo con el estrépito de sus armas y de sus escritos, excitan menos la admiracion, que la compasion del Cristiano. Este se lamenta con toda la sinceridad de su corazon, de que no conociesen al verdadero Dios; y que no le hubiesen reconocido por Autor de todo bien.

El Cristianismo es un crisol, que descompone, y liquída las acciones de los hombres, y descubre todo su vicio ó virtud. El Evangelio es preciso tomarle por regla, y no la moda, ni la opinion, quando se quiere apreciar lo que se hace. Lo que agrada al mundo, es
exe-

execrable á los ojos de Dios, y basta algunas veces tener la aprobacion del público, para ser condenado por el Señor. Los pobres á quienes miramos nosotros como la escoria del universo, pero que llevan con paciencia la pobreza: esas obras que despreciamos nosotros por la diccion y sencilléz del estilo, pero que nos excitan á la piedad, son objetos agradables para Dios; pero los ricos engolfados en sus deleites; y los libros llenos del espiritu del mundo, y de una falsa, y sobervia Filosofia, son abominables para los ojos divinos.

Estas son verdades, á las que, ni el tiempo, ni la moda pueden debilitar, y las que hicieron á los primeros Cristianos atentos, y solícitos en evitar todo lo que sonaba á ruido y obstentacion. Trabajajaban en su salvacion con santo temor y temblor, y no hablaban, ni obraban sino con una santa desconfianza de sí mismos, la que les libraba de tropiezos y peligros. La vida de los Martyres, y la vida de los Padres del Hiermo, no es mas que un fiel retrato de su sencilléz, que los apartaba de todas las astucias del siglo, y de toda malicia: sencilléz que no les permitia jamás que digese una cosa la lengua, y sintiese otra el corazon: que les inducia á buscar la verdad, como el mas precioso tesoro; y que les impedia recelar el menor mal del próximo.

¡Qué oposicion quando se carean estas costumbres con nuestros usos y procederes! ¡Ay! se ven por una parte hombres que practican el Evangelio, y por otra per-

personas que solo le conocen por el nombre. ¡Quántos devotos hai que ayunan, que oran, y dán limosna, y que son martyres del Demonio; porque no es simple su vista, segun la expresion misma de Jesu-Cristo, y su cuerpo consiguientemente ha de ser obscuro y tenebroso! Es una cosa de las mas terribles quando se considera el gran numero de Cristianos que se pierden por no tener esta sencilléz evangélica, que es la basa del Cristianismo. Se mira la sencilléz como una virtud despreciable, y propria solo de gente vulgar; pero lo que no tiene duda es, que ninguno se puede salvar sin esta virtud.

Dios no nos preguntará si hemos sido grandes Poetas, grandes Filósofos, ó grandes Conquistadores;

res; pero nos preguntará si á su imitacion hemos sido mansos y humildes de corazon; si nos hemos hecho niños para conseguir el Reino de los Cielos; y si el candor y la sencilléz han dirigido nuestras costumbres. Los hijos de las sombras tendrán por patrimonio la mentira y el orgullo; pero los hijos de la luz, esto es, los verdaderos Cristianos, no conocen mas que la sinceridad, y la humildad. Sería en vano intentar el introducirlos en los embolismos del mundo, ni iniciarlos en los mysterios de la iniquidad, de los que hace el mundo estudio, y aun alimento: los verdaderos Cristianos no conocen otro camino que el que lleva al Cielo, y por todos los bienes del mundo, no se desviarán de él.

Esta es la razon por qué temiemieron los Santos estremadamente la morada tumultuosa de las Cortes, y que no se dexasen vér en ellas sino como San Juan Bautista, para anunciar la verdad en todo su vigor y pureza. Esta fue la causa por qué declara formalmente San Pablo, que qualquiera que se consagra á Dios (por el Sacerdocio, ó por la vida religiosa) no haya de mezclarse en negocios seculares: este es el motivo por qué los escogidos de Dios no solicitan darse á conocer, sino quando lo pide la causa de la Religion. Y asi San Antonio el Anacoreta salió de su Desierto, y se manifestó en medio de la Plaza de Alexandria predicando la Divinidad de Jesu-Cristo, quando infestaba el Arianismo todas las partes del mundo. De este modo debemos proceceder nosotros, quando nuestro estado nos empeñe á dár á conocer á Jesu-Cristo, y reprimir los progresos del mal. Cada uno de nosotros tiene una especie de Apostolado, yá sea respecto de sus hijos, criados, y parientes, yá tambien respecto á los enemigos, ó allegados y veçinos: y dado caso que no nos incumba el reprender á algunos, nos toca siempre dár buen exemplo á todos.

Pero hablar este lenguage á la gente del mundo, es ananciarles una moral, que les parece bárbara. Nuestras costumbres se han hecho tan mundanas y fútiles, que todo lo que suena á Evangelio, se tiene por una especie de rusticidad; y asi podémos asegurar, que si los Apóstoles volvieran oy al mundo excitarían, antes que la admi-
ra-

racion, el menosprecio, porque no tendrian ni las modas, ni los vestidos que tanto idolatramos nosotros, y esto se dexa vér respeto á los Religiosos que se nos presentan con exterioridades pobres y penitentes. Efectivamente, ¿cómo los mira el mundo, sino como espectros ó fantasmas, cuya presencia turba á los vivos, como objetos enojosos, cuya vista no puede tolerarse? Con todo, este mismo mundo no dexa de acusar á los Eclesiasticos, porque no se asemexan á los Apostoles. Estos son otros tantos testimonios de que el mundo no sabe lo que dice, ni lo que quiere; y que el mundo es verdaderamente enemigo del Evangelio con su fausto, sensualidad y máximas.

Nosotros felizmente instruidos

en la Escuela de Jesu-Cristo, no cesamos jamás de desear el regreso de aquellos tiempos, que se hicieron verdaderamente recomendables por el candor y sencilléz, y renovar nuestra estimacion mas, y mas en obsequio de todo lo que lleve la librea de la penitencia, y todo lo que hai en los Claustros y Casas de piedad, y retiro despreciable para los ojos del mundo. Hagamos mas, procurémos tambien nosotros mortificar nuestros sentidos, y usar del mundo como si no usáramos de él. Meditemos que la virtud es el unico adorno del Cristiano, que todos los vestidos magnificos, de que tanto se ceba la vanidad y el orgullo, pronto se mudarán en un lúgubre sudario ó mortaja, que será nuestro solo y unico vestido; y que los Palacios
so-

sobervios insensiblemente se transformarán en un triste féretro ó atahud, que encerrará toda nuestra presumida inmensidad; y que ese hermoso lenguage, al que todos manifiestan tanta pasion, finalizará con cada uno de nosotros, para que le substituya un silencio que no podrán interrumpir todos los truenos.

CAPITULO III.

NADIE PUEDE SALVARSE sin padecer la nota de extraordinario.

AUnque los Mandamientos de Dios son posibles en todos tiempos, y en todos lugares: aunque el Evangelio es una regla como natural para todos los hombres, para todas las condiciones, y para todos los climas; con todo la corrupcion del siglo ha adulterado de tal modo sus máxîmas, que ya no se puede observar, sin que pase el que las guarde por un sugeto verdaderamente singular y estraño. De aqui nacen aquellas mofas con que incesantemente se ri-

ridiculiza la devocion; de aquí provienen aquellas invectivas contínuas contra los devotos; ya ni los pueden ver, ni sufrir; y se les acumulan todos los vicios que es capaz de inventar la malicia.

Se dice que sería preciso condenarse uno á un silencio eterno, si no se imitasen los usos comunes de la vida pública. Se añade que solo el orgullo quiere singularizarse, y que para ser admirado de todos procura parecerse á ninguno. Ultimamente, vivir de otro modo que el comun de los hombres es renunciar de la Sociedad del Genero humano, es hacer mal concepto de todos, y estimarse mucho mas á sí mismo que á los otros.

Para responder ahora á censuras tan agenas de la razon y de

la verdad, es preciso exclamar con un Padre de la Iglesia: *Hombres guardaos de los hombres: amadlos como si fueran Angeles, y huid de ellos como si fueran Demonios.* Sabido es que Jesu-Cristo no vino á traer la paz que quiere el mundo, sino que al contrario, vino á traer la espada, para separar al padre del hijo, y el ojo mismo del cuerpo. Si tu ojo te escandaliza, dice el Señor, arráncale, y arrójale lexos de tí: y asi ninguno ha de creer que puede salvarse si no está dispuesto á romper la amistad con todo lo mas amable del mundo. Debemos renunciarnos á nosotros mismos, y con mayor razon todos los objetos que pueden distraernos de lo que debemos á Dios. Aquel está ya condenado que no prefiere la gracia

cia á la naturaleza, la conciencia á todas las amistades, y la Religion á qualquiera otro deber.

El mayor numero de los Cristianos viven relaxados, y mueren impenitentes: qualquiera que siga su exemplo se grangea el mismo destino. Jesu-Cristo es nuestro Oráculo, y nos manda que huyamos el mundo y sus máximas: Jesu-Cristo es nuestro modelo, y se le vió en todo el curso de su vida pasagera distinguirse entre todos aquellos con quienes trataba, con sus vigilias, ayunos, y soledad, que nunca interrumpia sino para predicar y padecer. Nuestra mayor desgracia proviene de que nos mezclamos indistintamente con todo genero de personas; y de que identificamos en algun modo nuestras costumbres con las del si-

siglo. En vez de apartarnos del mundo para medirnos á nosotros mismos con la regla de Dios, que será siempre una regla eterna y viva: en vez de consagrar cada dia algun tiempo para repasar la Escritura que otorgamos en el Bautismo, para estudiar sus clausulas y cumplirlas, nos perdemos en la muchedumbre del siglo, y nos dejamos llevar de su torrente impetuoso. ¿Quién es el que no permanece inviolablemente adherido á sus Sociedades? ¿Quién es el que no estudia seguir las modas, y conformarse con los usos? Casi no hai persona que no derrame su contagio, y no tome algo del de los otros. Y asi parece que lleva uno consigo los desordenes de todos. En la escuela del pecado, todo pecador es maestro y

dis-

discipulo. Quanto mas se enveje-
ce, mas se incorpora la vida con
las personas que se freqüentan.
Nunca creemos ser bastante amigos, si no nos hacen complices suyos: y por no tener la vergüenza
de pecar solos, si no hallamos
iguales, buscamos imitadores. La
Sociedad no es mas que un comercio usurario de miserias, y pecados; en la que los hijos del viejo
Adam prestan, y piden prestadas
delinqüentes concupiscencias: se
chupan, como hace la esponja seca, las imperfecciones de su vecino
y allegado.

Luego en conseqüencia de esto todos debemos separarnos de
todo lo que nos aparte de las máxîmas Evangelicas, no hemos sido criados para ir tras de los juegos del siglo, ni para abrazar sus
usos,

usos, sino para santificarnos con la penitencia, el retiro, y pobreza; y Jesu-Cristo nos advierte, que no dará su Reino Celestial sino á los que padezcan y lloren.

Sé mui bien que no todos son llamados á vivir en lo profundo de los desiertos, que esta misma vida sería para muchos funesta, y que casi no hai familia donde no se halle Abel con Cain, Isaac con Ismaél, y Jacobo con Esau. Esta vida es un monton confuso de paja, y de buen grano, de malos, y buenos: pero cada uno de por sí debe cautelarse contra la malicia universalmente derramada; y sin ofender jamás á la caridad, defender vigorosamente los derechos de la verdad. La separacion de las costumbres en el comercio del mundo: la diferencia de las
ac-

acciones en la semejanza de los empleos: la oposicion de la vida interior, con la unidad de la profusion exterior, es lo que el verdadero Cristiano jamás pierde de vista: consagra su trabajo á Dios por el sacrificio que hace de él, quando su compañero profana este mismo trabajo, no encaminandole como debe: no se conserva la salud del alma, sino apartandose del contagio de los pecadores. Es mui comun morir apestado el que respira un aire contagioso.

No queremos decir con esto, que estamos obligados á no habitar con los que están corrompidos, si vinculos tan estrechos como los de hijo, ó esposo nos ligan esencialmente con ellos: pero en este caso es preciso procurar traerlos al verdadero camino, con discurcursos y exemplos de piedad, y abominar lo que ellos adoran: que Dios que conoce á los suyos; Dios, que como el anciano Isaac, no toma al segundo por el primogenito, sabe al que algun dia ha de castigar ó premiar. No se peca porque uno se hospede bajo de un mismo techo con un pecador, quando nuestro estado ó situacion nos obliga á permanecer allí; así como podemos pecar apartados de todos los humanos. El Señor conoce mui bien en la miscelanea de la Iglesia militante los buenos y los malos, que practican exteriormente unas mismas obligaciones, pero no con un mismo espiritu: conoce las acciones semejantes, y las diferentes.

Yo os advierto, dice Jesu-Cristo, que de dos hombres que
dor-

dormirán en una cama, el uno será arrebatado, y el otro quedará en reposo: que de dos mugeres que irán á moler juntas, la una será robada, y la otra proseguirá su camino sin molestia. Dios encuentra la separacion del corazon y de las costumbres entre los vicios y enlaces de personas unidas entre sí, por obligaciones de la vida natural, eclesiastica, ó civil.

El verdadero Cristiano, sin romper con la Iglesia de Dios, ha de enemistarse, y huir de todos los vicios que se cometen en ella contra Dios: sufrir á los malos, y no parecerse á ellos: tratarlos con un comercio de union, y no de imitacion: participar de unos mismos mysterios, pero no de unas mismas obras. De este modo no quedará contagiado del mal en
que

que no hubiere consentido. Rodeado de todos los malos exemplos conservará la union, separandose de la iniquidad.

El mundo se burlará de él, ¿pero qué importa? Yo no podria agradar á Jesu-Cristo, si agradára al mundo, dice el Apostol. Basta saber lo que el mundo practíca y el Evangelio prohibe, para convencerse de que ninguno puede ser verdadero Cristiano viviendo al modo del mundo. No hai duda que es una singularidad, ó estrañeza no ir á la comedia viviendo entre una multitud de personas que van como precipitadas y ansiosas á ella; y con todo, el Evangelio nos encarga esto como obligacion, mandanos que empleemos los dias en oracion y ayuno. Sin duda es especie de singularidad

dad hablar un lenguage enteramente diverso del de los demás hombres; y con todo la Religion nos prohibe todo juramento, toda mentira, toda jactancia, toda palabra inutil; esto es, todo lo que mas agrada, y mas se usa.

Además de esto no hai Santo alguno á quien honre la Iglesia, que no haya pasado por hombre ridiculo y extravagante en el concepto de los mundanos. Leed sus vidas, y vereis las contradicciones que hubieron de sufrir: los unos no querian tratar con ellos, y aun los huían como á personas extravagantes, cuyo comercio les era verdaderamente enojoso: los otros les repreendian como delito la misma virtud, y trabajaban para arruinarles la Fé, desviandolos de una vida tan mortificada y austéra.
To-

Todos los dias hubiera crecido mas y mas el numero de los verdaderos Cristianos, si no hubiera sido estorvo el respeto humano; pero se tiene por afrenta y sonrojo el no vivir como los demás; y se aprecia mucho mas pasar plaza de libertino que de devoto. Con todo, ninguno se salvará que no evite las diversiones profanas: ninguno que no se prive de todas las concurrencias en que prevalecen las máximas del mundo; y á menos que no suspire por el Cielo, menospreciando los bienes y honores caducos. Toda vida sensual y cómoda, como la de los ricos y poderosos, no es la vida que lleva á Dios: es preciso tomar el camino del calvario, y morir alli con Jesu-Cristo para resucitar en el Cielo.

CAPITULO VI.

DE LA DEVOCION mal entendida.

Habiendo hablado de las costumbres y vicios que nos alexan de la santidad de los primeros Cristianos, conviene manifestar que hai virtudes falsas, que no son menos enemigas del Evangelio. No todos los que dicen Señor, Señor, se salvarán, asi como tampoco todos los que dan limosnas á los pobres, y entregan sus cuerpos á las llamas. Sola la caridad hace meritorias nuestras obras, y el mayor numero de las personas que se llaman devotas, carecen de esta virtud. Las vemos

Tom. II. E (es

(es verdad) andar de Iglesia en Iglesia, asistir á los Jubileos y absoluciones, afectar vestidos de un color melancólico, y no concurrir á tertulias, ni conversaciones profanas; pero como es el humor ó el genio el que los domina, ó el amor proprio el que los pone en movimiento, lo mismo son sus discursos que sonido de campanas, y sus acciones lo mismo que cisternas sin agua.

¡Oh, gran Dios! ¡quánta será nuestra esterilidad, sí entre las obras de devocion, que hoi son tan raras, la mayor parte de ellas están pervertidas por la vanidad ó la sobervia! Con todo, no lo podemos dudar, á nada que examinemos individualmente la vida de las personas que tienen todas las señales exteriores de la mas fer-

fervorosa piedad. Hai entre éstas caprichos y extravagancias, que son el azote, y el tormento de las familias, y de los criados: se oyen de su boca calumnias, que no tienen otro motivo que falsas sospechas y zelos; y entre ellas se notan bastantes resabios de menosprecio, é indignacion contra el próximo. Las casas del mayor numero de esta especie de devotos son el asilo de los vicios mas refinados: manifiestan haber renunciado las modas; pero se halla en ellos, baxo del aire de sencilléz, todo lo mas exquisito del luxo: ellos no hablan sino para anatematizar los festines del mundo; pero en sus casas se come lo mas precioso y delicado. No hai cosa de mayor estimacion para una falsa devota, que su Confesor y Director, de quien

quien en alguna manera se hace idólatra; y el que quiera vér manjares delicados vaya á la casa de una de estas penitentes el dia que convida á su Confesor.

¿Qué no se podrá decir ahora en este asunto de su afectacion, en elegir por guia al que tiene mas reputacion, para hacer que sobresalga en ellas mismas una parte de la fama que el Director ha conseguido? Entonces, este linage de devotos no escasea fatigas, ni solicitudes para captar su estimacion: entonces se valen de inumerables extratagemas para traerle á sus intentos, lo que al fin consiguen; de modo que el Director viene á ser el dirigido: estos devotos parece que no quieren hacer lo que él quiere, y el Director tiene que seguir el capricho, y voluntad de sus dirigidos.

Es-

Estos no son mas que algunos ramos de la devocion mal entendida: hai otros que no son menos perjudiciales á la verdadera piedad: quiero decir, aquella afectacion en manifestar un espiritu de partido en las disputas de la Iglesia, en solicitar las obras mas famosas sobre este asunto, y en contraer conexiones con las personas mas señaladas sobre esta materia: no hai cosa mas comun hoi dia, que vér algunas mugeres, cuya condicion requiere silencio y modestia, hacer de Teologas, y sentenciar definitivamente sobre qüestiones que han parado á los mas santos, y mas sabios Doctores. Parece que los mysterios nada tienen oculto para ellas, y que se ha de recurrir á su tribunal para juzgar los negocios mas im-
por-

portantes de la Religion. Unas son partidarias de Apolo, otras de Cephas, y ninguna de Jesu-Cristo, cuya Moral no es mas que humildad, suavidad, mansedumbre y caridad. Y asi estas se condenan recíprocamente con el pretexto del honor de la Iglesia y de amor de Dios.

¿Son estas las mugeres de los primeros siglos? ¿aquellas personas venerables, que nos refiere San Gerónimo, y las que reconcentradas en la práctica de las buenas obras, no hablaban de la Religion, sino para edificarse, y se contentaban con rogar á Dios por las urgencias de la Iglesia, quando se veía turbada con persecuciones, ó heregias? Sabian mui bien que las mugeres han de callar en la Iglesia, conforme al precepto del Apostol, y que

que por lo comun la sobervia es la que nos abre la boca, particularmente quando se trata de materias que se han de ignorar, y que no se pueden conocer sin haber estudiado mucho.

Otro defecto de la devocion mal entendida es proceder intempestivamente: ir, por exemplo, á la Iglesia, quando se debe estár en casa cuidando de la familia; ocuparse en el Confesonario, quando se han de visitar enfermos: olvidar lo que se debe al próximo, para hacer alguna peregrinacion, ó romería, ú otro qualquiera acto de supererogacion. Este es el modo de proceder quando nos dexamos llevar, y conducir por humor, y este humor es la brújula del mayor numero de estos devotos: moralizan por humor, hacen limosna por humor, corrigen por humor, y se privan del mundo por humor.

No negaré que la malignidad les imputa á veces defectos que no tienen; pero tampoco se puede negar, investigando bien sus acciones, y costumbres, que hai devotos mui llenos de defectos. ¿Quántas devotas hai entre nosotros, que dexan las principales devociones por las accesorias y voluntarias; y que se olvidan de Jesu-Cristo nuestro unico, y solo medianero, por un Santo, cuya invocacion (segun las palabras del Concilio de Trento) *no es mas que buena y util.* Vemos que ván de Altar en Altar á ponerse de rodillas delante de las Estatuas ó Imagenes que debemos venerar por lo que representan: y al mismo tiempo apenas ponen

nen los ojos en el Tabernaculo, donde real y verdaderamente está Dios mismo?

Parece que la supersticion es el mayorazgo de los falsos devotos: y asi se distingue hoi el hombre piadoso del hombre beato: el primero conoce la extension de sus obligaciones, y cumple con ellas; y el otro no es mas que una mona en asunto de Religion, pues no sabe hacer mas que ademanes, y exterioridades: esta es la razon por qué Jesu-Cristo levanta tan á menudo la voz en el Evangelio contra la devocion mal entendida, y de que llame á los Fariséos Hipócritas, razas de vivoras, y sepulcros blanqueados. Parece tambien que los aborrecia mas que á los Saducéos, porque nada es tan reprehensible, y abominable, como mo servirse de la piedad para fomentar la sobervia.

Esta falsa devocion, no lo dudemos, es la que hace despreciable á la misma Religion para los necios, y para esos que se llaman *Bellos Espiritus*. Como unos y otros no juzgan sino las superficies de las cosas, confunden el Cristianismo con los malos Cristianos. De aqui nace el oír por todas partes gritos, é imprecaciones contra la devocion, como si ella fuera responsable de los vicios de los falsos devotos: de aqui proviene, que muchas personas no se atreven á abrazar la piedad, por el miedo de no hacerse objetos de la burla, y del desprecio: de aqui resulta, que los Eclesiásticos, y Religiosos, como singularmente consagrados á la piedad, son continuamente combatítidos por los mundanos, y están mas expuestos que otros á sus tiros envenenados.

Y asi la devocion mal entendida arrastra, y lleva tras de sí una muchedumbre de males, tanto respecto á los que hacen obstentacion de ella, quanto á los que la observan y censuran. Los primeros siglos de la Iglesia fueron tan venerables y luminosos, porque la falsa devocion no se conocia en aquellos tiempos. Como el martirio, y la mortificacion eran la piedra de toque para conocer el verdadero Cristiano, casi no se podia engañar á nadie sobre este articulo. Al instante se les caía el disfraz de la hipocresía á los que intentaban engañar con falsas apariencias, y la Iglesia los arrojaba de su gremio, como monstruos ca-
pa-

paces de deslucir su santidad.

No se conocia en aquellos dias serenos y hermosos sino un Cristianismo puro, y tan vigoroso como el Evangelio. Entonces todos tenian su alma en sus manos para restituirla á cada instante á su Criador, como un deposito, que se les habia confiado: entonces el corazon era tan puro como las manos, el ojo como el pie, y el cuerpo parecia solo un coadjutor del espiritu para seguirle, y ayudarle en todo lo que era conveniente para los exercicios de Religion: entonces solo se estimaba la virtud, solo se amaba á Dios, y se deseaba el Cielo; y por ultimo, entonces se temía el pecado como el mayor de los males, y los corazones estaban tan encendidos, como ilustrados los entendimientos.

Pe-

Pero luego que se alexaron aquellos dias bellos y preciosos, ha succedido la sombra á la luz, y yá no vemos mas que fantasmas de piedad, en vez de aquellos verdaderos Cristianos que animaban una caridad siempre dispuesta á la prueba del fuego, y de la sangre. Se han secado y cortado los arboles, y no nos ha quedado mas que su vulto, y su corteza.

Los rios se han agotado, y yá no hallamos mas que cisternas: las estrellas han desaparecido, y no vemos yá mas que unas fugitivas exalaciones y meteoros inconstantes.

Una Religion sin alma, y sin vida, y una Religion que no estriva mas que en habito y costumbre, y que no mejora las inclinaciones, ni deseos, esta es la Religion del mayor numero de los Cris-

Cristianos del tiempo. El verdadero fiel es tan raro entre nosotros, como lo era el falso entre los primeros Cristianos, y si separáramos algunos escogidos que hai todavia en el mundo, porque la Iglesia no puede permanecer sin ellos, yá nos hubiera fulminado sus rayos el Cielo, y la tierra nos hubiera tragado. Estas reliquias, y fragmentos preciosos de los primeros siglos son los que nos conservan, y los que deben animarnos con su exemplo á tomar el verdadero camino del Cielo. Hai muchos senderos que parece conducen á la tierra de los vivos, pero solo el que está regado de lagrimas, y sangre es el que debemos escoger.

No por esto se ha de inferir que todos los que quieran vivir
pa-

para Jesu-Cristo están precisados á manifestar un aspecto ó rostro austéro: las virtudes feroces, y asperas son proprias de los falsos devotos, y por lo regular con esta nota se dán á conocer; al contrario, el hombre animado de una verdadera piedad, conserva un aire apacible que enamora á todos los que le tratan con la dulzura y suavidad de sus palabras y costumbres. Una alegria santa es Don del Espiritu Santo: la tristeza para nada es buena, segun dice la sagrada Escritura; y los escrupulos, que ella engendra, comunmente solo sirven para adulterar la piedad.

Siendo la Religion el objeto mas grande y magestuoso, quiere ser tratada con grandeza, y con dignidad. Es ofenderla, y aun
de-

desnaturalizarla, reducirla á prácticas pueriles y frivolas, y sujetarla á nuestros gustos, y caprichos. El culto exterior como le ha determinado la Iglesia, ha de ser la regla de nuestras devociones, y solo porque nos alexamos de ella, no nos parecemos á los primeros Cristianos. Su piedad consistia en su misma esencia, esto es, en una caridad fervorosa, alma del Cristianismo, en una práctica continua de la oracion, en una santa freqüencia de los Sacramentos, y en una asistencia regular á los Oficios divinos. Veíanse los primeros Cristianos los Domingos, y fiestas solemnes correr por entre sus perseguidores, y peligros de toda especie, para ir á oír la voz de sus Pastores, y unirse de corazon, y de espiritu al venerarable sacrificio de nuestros altares.

¡Quándo imitarémos nosotros estas santas acciones, y quándo nos verémos llenos de aquel fervor absolutamente celestial, que lleve á nuestra alma á los lugares sagrados, y que la dé alas como á la paloma para elevarse á Dios! ¡Quándo preferirémos las verdaderas obligaciones á las obras voluntarias, ó de supererogacion! ¡Quándo discernirémos las lecturas instructivas, de las que no hacen sino adormecer al pecador en el lecho de una falsa seguridad! ¡Ay de mí! este es uno de los efectos de la devocion mal entendida, alimentar á los que ella anima con libros apócrifos, y falsos milagros, mas propios para desacreditar la Religion, que para ensalzarla. Tales son todas esas obras peligrosas, en las que con el pretexto de honrar, como se debe, á la Santísima Virgen, se atreven á afirmar, que por muchos y execrables que sean los delitos que uno cometa, nunca perecerá si invoca su proteccion; como si la Madre de Dios pudiera salvar á un pecador que no quiere convertirse.

No llevemos en nuestras manos, á imitacion de los primeros Cristianos, sino instrucciones aprobadas por la Iglesia; y en vez de buscar esos libretillos que enseñan una devocion acomodada á los genios, estudiemos el verdadero espíritu de la Religion en las obras que la dán á conocer. Este siglo desgraciado, no obstante ser tan estéril de obras de verdadera piedad, con todo no ha dexado de producir algunos

es-

escritos en los que se halla toda la pureza del Cristianismo. Dios suscitó en todos tiempos entre los Obispos, Sacerdotes, Religiosos, y tambien entre los legos, Autores, cuyas producciones consolaron á la Iglesia, y precabieron á los fieles contra la perversion de las costumbres, contra los sofismas del herege, y contra las blasfemias del impío.

A nosotros nos toca beber en estas fuentes puras las verdades capitales que han de servirnos de regla; y tanto mas, quanto que el anhelo de conocer los buenos libros, é instruirse con ellos, y esparcirlos en otros, es la nota de la verdadera piedad. Hai gusto en oír hablar de lo que se ama; y asi quando uno está sinceramente adherido á la Religion se encarece, y aplaude todo lo que á ella nos conduce.

¡Qué tiempo no emplean los impíos, y libertinos en leer obras obscuras y tenebrosas! No bien sale al público un libro decorado con el nombre de sus Corifeos ó Gefes, quando afanadamente le buscan, y luego le derraman por todas partes, y le dán á conocer á todos aquellos que están á su sueldo, como un milagro del entendimiento humano, como un descubrimiento de las verdades mas importantes. Lo leen, y vuelven á leerlo, y apenas les basta la noche para saciar su ansia; y lo que es mucho mas funesto, que hasta los mismos Cristianos, seducidos, y lisongeados con el encanto del estilo, y la novedad de los pensamientos, se entregan á esta lectura con mucha

cha mas vehemencia que á las que les instruyen en sus obligaciones, y les acuerdan los grandes objetos de nuestra esperanza, y de nuestra fé.

Si al contrario sale á luz algun libro que honra la Religion, comunmente es desacreditado por aquellos mismos que deberian empeñarse en hacerle valer, y aplaudirle. No es menester mas que una diccion comun, ó alguna falta de lenguage para destruir el curso, y fama de una obra excelente por las cosas que abraza: como si la piedad consistiera solo en palabras: como si fuera preciso dexar la substancia por la corteza; y como si el mismo Evangelio no nos enseñára á respetar la simplicidad, y el candor.

Es preciso confesar que se ha
per-

pervertido de tal modo nuestro entendimiento con todas las frases estudiadas, que forman hoi el estilo de las obras, que dexamos las cosas por las expresiones; y estimariamos mucho mas no leer, que alimentar nuestra alma de lecturas utiles y sencillas. Con todo esto, no vemos que se haya aumentado la piedad despues que se componen los libros y sermones con mas arte.

Se puede tambien afirmar que el corazon se extenúa á proporcion de lo que el entendimiento se refina. No son las frases, ni las figuras retóricas las que convierten: y quando uno se convierte sinceramente á Dios, no se entretiene ni en la elegancia del estilo, ni en la cadencia de los periodos; bien que no está prohibido ni el apreciar

la

la eloqüencia, ni ser eloqüente. Vemos tambien que los primeros Pastores de la Iglesia fueron excelentes en este genero; pero, por desgracia, lo que nosotros buscamos hoi en un libro, no es mas que una diccion enfática, que hubieran vituperado los antiguos.

Quando nuestra devocion sea como debe ser, no buscarémos en las obras de Religion sino la verdad y la solidéz, asi como no estimarémos en nuestros vestidos mas que la sencilléz, sin afectar la singularidad. Sabremos que todos los trages son iguales para los ojos de aquel que no pregunta sino á los corazones, y que no se ha de tratar de otra cosa, sino de desterrar el luxo y el fausto, del que debe avergonzarse el buen Cristiano.

CAPITULO V.

DE LOS VARIOS MEDIOS de adquirir la verdadera devocion.

Siendo la Fé el manantial de todas las gracias, y el fundamento de toda justificacion, debemos pedirla con la mayor instancia, y conservarla con el mayor cuidado para vivir cristianamente. Esta preciosa fé ensalzó á los primeros fieles sobre todos los acontecimientos y revoluciones, y los hizo insensibles á la afrenta, al dolor, y á la muerte misma, por amor de Jesu-Cristo. Solo el que se resfria en la fé, pierde el gusto de los bienes celestiales, y se aficiona á los terrenos.

Dad-

Dadme una alma dirigida por la fé, dice San Juan Crisóstomo, y no hallareis cosa que no intente, ó que no padezca en gloria de la Religion. El mundo sin la fé, no es mas que un verdadero enigma, y nosotros mismos no somos sino ciegos que andamos á obscuras. Nadie reconoce la mano de Dios, sino los que creen su accion en todo lo que se mueve y respira: entonces yá no se conoce ni fortuna, ni acaso, y solo se vé una Providencia que todo lo provee, y todo lo conduce. Entonces todos se someten, y humillan sin quexas á los decretos eternos, cuya santa y adorable obscuridad, ó arcano veneran; entonces se manifiesta la otra vida mas eficazmente que esta, y se dirigen todas las acciones á este grande objeto.

Nues-

Nuestra vida enteramente sumergida en los sentidos nos hace perder la fé: en este caso yá no vemos sino un mundo corporeo, y no nos consideramos á nosotros mismos, sino como unas criaturas arrojadas casualmente al mundo, que no tienen otro destino que cumplir, sino el de comer, beber, y dormir.

¿Quién es el que mira á Dios en los bienes que recibe, como al Autor de todo beneficio? ¿Quién es el que considera los males, como un castigo que viene de su mano? ¿Quién es el que reconoce su poder en el orden invariable de este mundo? ¡Ay de mí! Cerramos los ojos á la luz eterna para contemplar no mas que objetos deleznables y perecederos, quando el Justo que vive de la fé no considera todo lo que

que sucede, sino como efecto de una providencia que jamás duerme.

¡O qué felicidad es estár animado por la fé! de este modo se vé en alguna manera la cadena maravillosa de los decretos eternos, se penetra lo venidero, se quita el velo misterioso que nos priva su aspecto, y se descubren las revoluciones de los ultimos tiempos, los estragos que hará el Anti-Cristo, la resurreccion de los muertos; y la venida de Jesu-Cristo, como si todos estos acontecimientos pasasen actualmente á nuestra vista. Se conocen secretos, que ocultan á los incrédulos é impíos el gobierno del Universo, y el movil de sus pasiones. Se sabe que qualquiera hombre no es mas que un instrumento en manos de Dios, del que se sirve para el cumpli-
mien-

miento de sus designios: que la elevacion, ó decadencia de las Monarquias: la guerra, y la paz; y ultimamente la vida, y la muerte, son obra de su poder, y de su voluntad.

Qualquiera que pierde este objeto de vista, se alexa de Dios, y de sí mismo. Entonces no es mas que un automato ó maquina, que su propio mecanismo hace mover. Pero, ¡ay de mí! ¡quántos automatos hai entre nosotros! El alma está de tal modo entorpecida en el mayor numero de los hombres, que sino fuera por la brutalidad de sus pasiones creeríamos que no existian. El Cielo nunca los mueve, ni ellos anhelan por él; y la muerte, que es el principio de nuestra vida, les parece una aniquilacion total, ó á lo menos una transmutacion, de la que

que no tienen idea alguna. En vez de penetrar quanto es posible aquella celestial region, para la qual hemos nacido, se duermen á la entrada del camino, y se exponen á todos los peligros que les pueden ocurrir. No fue este el procedimiento de los primeros Cristianos, aquellos, cuyos deseos, acciones y pensamientos se dirigian continuamente á la eternidad. Mas grandes que todos los Filósofos del Universo, y que todos los Conquistadores, tenian por carrera suya la inmensidad misma de Dios; y soltando todo el vuelo de su alma inmortal, corrian con pasos de gigante á la soberana felicidad.

Preciosa fé, ¡quándo volverás á animarnos! Yá no vemos sino algunas chispas de aquel fuego que

que encendisteis en los primeros Cristianos: los siglos que les han succedido han sido otros tantos vapores densos, y denegridos que han ofuscado tu explendor, y se vá acercando el tiempo en que no se hallará yá en el mundo Jesu-Cristo.

Yá están casi olvidados los Sacramentos, los Templos abandonados, menospreciadas las solemnidades, y hasta la Religion burlada: yá no se conocen otras obligaciones que las de Ciudadano, y aun comunmente se pisan: ni hai mas rectitud, ú hombria de bien que una providad puramente humana; y si es que le ha quedado algun auxilio á la Iglesia en su desolacion, es solo una voz para suspirar detrás de unos hijos que yá yá no lo son, porque se los ha robado el mundo. (1).

Los demás recursos, ó medios para adquirir una verdadera devocion, consisten en una entera privacion de todo lo que los votos del Bautismo nos han prohibido, y esta privacion abraza una gran multitud de obligaciones. Privacion de espectáculos, que son obra del Demonio: privacion de vanidades, que son las pompas del mundo; privacion de los placeres sensuales, que son sus maxìmas: y privacion del mismo mundo, como de un objeto al que Dios maldixo: privacion que debe apartarnos de nuestros propios bienes, y de nuestra familia; sí, el Señor asi lo pi-

---

(*) *Rachel plorans filios suos, & noluit consolari quia non sunt.*

pide, porque el Cristiano no ha de vivir sino para cumplir su divina voluntad.

Tratase ahora, como lo vemos, del Estado Religioso, estado tan respetable, y ahora tan envilecido para los ojos de aquellos hombres de carne, y sangre, á quienes llama el Apostol enemigos de la Cruz: no se puede dudar, que los que son llamados á él, y que se resisten á esta vocacion, se ponen en el camino de perdicion. Es una de las cosas mas esenciales para la salvacion; conozca bien las vocaciones y llamamientos, para no faltar á ellas, y cumplir todas sus obligaciones. Inutilmente tiene aversion el mundo á las Ordenes religiosas. Inutilmente los Religiosos mismos se relaxan sobre su instituto: Dios castigará igualmente
al

al que el mundo descaminó para no entrar en el claustro, y al que vive en claustro como en medio del mundo. Las reglas del Evangelio no pueden variar, y el hombre que no practicare los consejos que hay en ellas, quando se obligó solemnemente á su observancia, forja su condenacion. La separacion del mundo, que han formado los votos, es una separacion semejante á la de la muerte; y del propio modo, que ninguno vuelve al mundo despues de haber muerto, asimismo ninguno debe volver yá entre los hombres del siglo, una vez que se separó de ellos por una adhesion plena y absoluta á el Estado Religioso. Si estas verdades capitales no se hubieran alterado con las máximas de un siglo pervertido, no

Tom. II.   G   ve-

veríamos sino Monges, y Religiosos edificantes y exemplares, y no veríamos tantas personas executivas, en imputarles vicios que de ningun modo cometen. Pero quando la Religion misma se anochece, no deben esperar ser estimados los Religiosos. Lo que ha de servirles de consuelo es, que Jesu-Cristo canoniza á los que padecen y son calumniados; y es, que el menosprecio, que al parecer se afecta contra ellos, es un nuevo estímulo para empeñarlos á no esperar su recompensa sino en el Cielo; y es, que la renuncia del mundo que los ultraja, prueba que han procedido con prudencia en renunciarle, supuesto que la piedad no tiene en el mundo de hoi estimacion.

Con todo, cada Religioso debe

be entrar en este caso dentro de sí mismo, y examinar sériamente en presencia de Dios, si con sus discursos, ó costumbres ha excitado el ódio del mundo contra el estado Religioso ó Monástico, y reformarse quanto antes, si con su conducta ha contribuido á ello. La aversion del mundo contra los Religiosos, quando nace del menosprecio del Evangelio, les es otro tanto mas honrosa, quanto es ignominiosa, quando es efecto de su desorden.

Todo esto nos enseña, que en esto habrá muchos engañados, quando los siervos fueren llamados á la presencia del Padre de familias para dar cuenta de sus procederes y talentos. Entonces se verá, si será posible disculparse, diciendo: yo he hecho lo que

he

he visto hacer á mis contemporaneos y predecesores.

Si para ir al Cielo no se necesitára mas que seguir las huellas de nuestros parientes ó amigos, no habria dicho Jesu-Cristo que venia al mundo con espada en mano; y Dios no habria obligado á Abraham, Padre de los Creyentes, á que dexase su Patria, y la casa de sus padres desde el primer instante de su vocacion. Es de advertir, que en un tiempo corrompido, en el que los Cristianos relaxados no piensan sino en hacer la fortuna de su casa, en pasar alegremente el tiempo, y en vivir á sugestion del capricho, debe uno desconfiar de su padre, madre, confidente, y aun de sí mismo, y no creer sino al Evangelio, y al voto que prometimos cumplir

al

al recibir el Bautismo. Salgamos de Babilonia por la primera brecha que hallemos, si están las puertas cerradas.

Lo que decia un antiguo en el Paganismo, se evidencia ahora entre nosotros. Lo que se desea con mas ansia y anhelo para los hijos desde su nacimiento, es precisamente todo lo que ha de servir para perderlos. Las bendiciones de los mas cercanos son, por lo común, maldiciones; y sus ruegos y votos suelen ser imprecaciones. Desean vernos ricos, sabios, hermosos, y colmados de honores, y creen haberlo pedido todo quando solicitan para nosotros mucha hacienda, y muchos años. Con todo, estas cosas son las que causan el trastorno de la piedad, y la extincion de la fé: y vé aquí có-

cómo nadie se aplica sino á lisonjear á la carne, á contentar las pasiones, y á satisfacer los apetitos. En quanto al servicio de Jesu-Cristo se hace lo que se hace: esto es, se reduce á algunos actos exteriores, que ni destruyen la corrupcion, ni la codicia, ni la sensualidad.

Es sin duda, que debemos honrar á nuestros padres, y madres; pero es mucho mejor enojarlos, que condenarse por darles gusto. El derecho de la creacion es mui superior al de la generacion; y nadie, como yá lo hemos dicho con Tertuliano, es tan Padre como Dios. *Qualquiera que ama á sus padres mas que á Jesu-Cristo, no es digno de él.*

Todos tenemos un caudal en deposito que debemos guardar, es-

este es la inocencia, que no puede recobrarse sino con una entera y sincera penitencia; y asi como el aire emponzoñado del mundo puede marchitar la mas pura virtud, no hai camino mejor que tomar, que alexarse de él. La gracia sigue, digamoslo asi, el rumbo de la naturaleza: ella es secreta y disimulada en sus operaciones; y asi es como la tierra encierra en su seno los granos y semillas de todas las plantas, y de todas las flores, antes que ellas broten y fructifiquen. Luego que Jesu-Cristo llena nuestros corazones de su divina uncion, el pecho ha de recibirla, y el retiro conservarla.

El vinculo mas sagrado de la naturaleza, como tambien el mas util, es el de la Sociedad. La razon, el afecto, y la necesidad, han con-

concurrido á formar todas las alianzas que hacen florecer el comercio, y que mantienen la buena correspondencia, y amistad; pero si fuere preciso romper todos estos lazos para ir á Dios, entonces no hay que diferir, ni en que titubear. Quando se trata de esto no hai Ciudad, ni compañia, que á imitacion de Jerusalem, y de la Corte de Herodes, no se turbe al nacer Jesus, y no procure ahogarle en la cuna; y lo que es mas cruel, que no son solo los licenciosos, é incredulos los que nos alexan del camino derecho, sino tambien las personas que tienen la fama de honradas y buenas, Magdalena halla aun entre los Discipulos un Judas, que grita contra la efusion de su balsamo, y entre los Fariseos un Simon, que

des-

desprecia su humildad, y sus lagrimas. Este es el tiempo, en el que Job en su muladar halla tres amigos, y una muger, que se le hacen presentes para burlarse de su constancia, y afrentar su miseria.

¿Es posible que las personas consagradas á Dios hablen el mismo lenguage que los incircuncisos? Por todas partes se acusa al hombre que huye del mundo, ama el retiro, y toma la devocion muy á la letra; y qué remedio, para que despues de estas acusaciones, pueda una alma tierna, y pusilánime resistir á estas censuras? Luego que la virtud se manifiesta en medio del mundo, por todas partes halla enemigos, é indiferentes; y no es para una mediana constancia sostener los esfuerzos del mundo, y los asaltos del Demonio.

nio. ¡Quántas veces se ha visto el espiritu del mundo disfrazado con el lenguage de la sinceridad, y baxo la forma de un buen consejo!

Sé, que las almas fuertes, á las que ha dado Dios, como dice Jeremias, una dureza de bronce, no se doblan al impulso de las opiniones, costumbres, y exemplos que las combaten, ni á las aprobaciones, ó lisonjas que las tientan; pero sé mucho mejor, que este linage de valor es sumamente raro, y particularmente al principio de la conversion: sé, que es necesario mucho tiempo y vigor para llegar al estado de San Gregorio Taumaturgo, que pasaba por medio de los elogios, y exclamaciones, de los que aplaudian sus milagros y santidad, como si pasára por entre los arboles de un bos-

bosque. Hai mui pocos que puedan decir, si no han estado algun tiempo apartados del mundo, lo que decia San Geronimo, despues de muchos años de penitencia y retiro: á nosotros nos toca ir por la posta á nuestra patria celestial, cerrar los oidos al canto mortífero de las sirenas, y hacernos sordos á las alabanzas, y á las injurias, á los honores y á los oprobrios. ¡Ay de mí! nosotros somos los primeros que nos adulamos.

No hai cosa, pues, tan necesaria como el apartarnos del mundo, y abrazar el retiro, para conseguir la verdadera piedad. En el retiro es donde el alma se derrama en oraciones, súplicas, y suspiros, y la oracion es el continuo exercicio del Cristiano. No hai gracias donde no hai oracion, esta ta desarma el enojo del Omnipotente, y nos atrahe sus beneficios. No es porque ella trastorne los consejos ó decretos de Dios, que son inmutables; pero como Dios todo lo ha previsto, no concede á la oracion sino lo que determinó desde toda la eternidad en sus decretos.

Quando aun no fuera tan dificil conservar la gracia; quando aun las contradicciones exteriores y las tentaciones fueran menos fuertes de lo que nosotros las creemos, nunca el Cristiano se propasará en hacer oracion. Ni la fé, ni la razon nos dan las luces que nos adquieren la oracion y el recogimiento.

La Historia natural nos enseña, que las aves mas delicadas y sensibles al frio, se retiran á climas mas

mas templados quando comienza el Invierno; y el Evangelio nos dá á entender, que las almas que desconfian de sí mismas tienen cuidado de alexarse de aquellos parajes donde es la tentacion mas fuerte. Por falta de esta precaucion muchas personas comienzan su conversion, y no permanecen en ella, y el mayor numero de los Cristianos, al dia siguiente de su naufragio, se embarcan de nuevo en el mismo mar, y rodeados de los mismos escollos.

El Espiritu Santo mismo, para remediar estos infortunios, inspira en todos los siglos á ciertos hombres poderosos en obras y en palabras, la santa resolucion de formar piadosos institutos; bajo de cuyo abrigo se eviten los escandalos de la multitud, y se preserven

ven algunos de los peligros del mundo. Todas las Ordenes Religiosas no son otra cosa que escuelas públicas, donde cada uno puede aprender á conocer los caminos que van á Dios. Vemos con edificacion almas tocadas de las vanidades del mundo, correr á estos asilos para finalizar alli su carrera, ó á lo menos para estar alli retirados de quando en quando. Y asi podemos decir, y con verdad, que los Conventos y Monasterios son otras tantas islas, que colocadas á ciertas distancias, en medio del mar borrascoso del mundo, sirven de asilo á los que temen las tempestades, ó las han padecido.

Los Santos Padres no cesan de exhortar á los Cristianos al amor del retiro. San Juan Crisóstomo decia freqüentemente á su pueblo, que

que los que no sabian leer la vida de los Santos que nos habian precedido, la verian con sus proprios ojos, sin el socorro de la lectura, y sin los libros, en los Monasterios de su tiempo. Si no teneis persona que os lleve allá, decia el Santo, venid conmigo, y yo os mostraré los Tabernaculos de estos Santos: venid, y aprended de ellos alguna cosa util: estos son fanales que alumbran los desiertos mas tenebrosos, y murallas que fortalecen las mayores Ciudades. Se retiraron á las soledades para enseñarnos á desembarazarnos de los embolismos del mundo. Id, pues, á ellos á menudo para purificaros de vuestros defectos, y recoger sus piadosos avisos. ¿Pero qué hubiera dicho, podemos añadir aqui de paso, el mis-

mismo San Juan Chrisostomo, si hubiera visto lo que nosotros vemos? Monasterios que ha profanado la relaxacion, bien que no hai instituto alguno Religioso, á pesar de la alteracion de la disciplina, y del transcurso del tiempo, que á lo menos no tenga algunas casas en las que se observa la regla, y que en esto no sea realmente util para la Iglesia.

Lo cierto es, que para conseguir y conservar la piedad, es preciso de quando en quando buscar el retiro, para excitar el recogimiento y la compuncion. En estos saludables retiros, es donde cada uno se sondea, se pregunta, se examina, y se toma cuenta á sí mismo del bien, ó mal que ha hecho. No hai persona, por ocupada que la supongamos, que no pueda da sin salir de su casa, aplicarse de quando en quando con mas conato á los negocios de su salvacion. Todos los Directores de la vida espiritual han considerado el retiro como uno de los mayores provechos: en él dexan las horas alguna huella ó señal, y donde el alma santamente ocupada con Dios, no piensa mas que en él, y solo trabaja por él.

Pero estamos tan derramados, que no nos atrevemos á volver sobre nosotros. La mañana nos anuncia las diversiones de la noche, y ésta nos franquea una carrera de espectáculos, de divertimientos, juegos y placeres, que manifiesta costumbres mas corrompidas que las del paganismo. Y asi la devocion parece ahora una extravagancia que asusta, quando debería ser nuestra mas amada delicia.

CAPITULO VI.

DE LA NECESIDAD de la Gracia para obrar bien, y salvarse.

EN vano se levanta una casa, si el Señor mismo no la construye. La gracia, fruto de la muerte de Jesu-Cristo, y el mas precioso de sus dones, solo se nos concede para obrar bien, y santificar nuestras acciones; y como Dios á ninguno la debe, nosotros estamos obligados á recibirla con el mas vivo reconocimiento, y con la mayor humildad. Los primeros Cristianos no trabajaban sino para conseguir esta gracia, que sin violentar nunca nuestra libertad, hace que hagamos lo que Dios quiere.

re. Quando la habian recibido, la conservaban como aquella felíz semilla de que habla el Evangelio, y tenian gran cuidado de cultivarla, y estenderla con un fervor digno de su piedad.

Y asi vemos en los escritos de los hombres ilustres, que insisten continuamente sobre la gracia, y no cesan de manifestar su poder, y darla á conocer por un don gratuito. ¡Ay de mí! conocian por sí mismos, que si nuestra voluntad no está continuamente asistida de un auxilio divino, titubea, vacíla, y corre á su pérdida; conocian que solo esta gracia, absolutamente celestial, preserva del pecado, repara el mal que éste nos ha hecho, y nos conduce dichosamente al puerto de la salvacion.

Efectivamente el hombre sin

la gracia no es mas que un objeto de humillacion y espanto: todas sus obras son estériles, todas sus virtudes no son mas que flores sin frutos, y todo su sér, no es mas que un abismo de miserias y fragilidades. No tenemos de nuestra cosecha mas que la mentira, y el pecado, dice el Concilio de Orange, y no podemos tener un solo pensamiento bueno, como lo dice San Pablo, á menos que Dios, que dá el querer y el obrar, no nos le conceda de gracia.

Pero consolemonos: la gracia que se nos comunica, por medio de los Sacramentos, y mediante tambien los remordimientos é inspiraciones, y por todo lo que el Señor tiene por conveniente emplear en nuestra justificacion, no cesa de llamarnos para que bebamos de su su manantial tan fecundo como sagrado. Las llagas de Jesu-Cristo, siempre abiertas para la salvacion de los pecadores, son otros tantos canales que no cesan de correr en el Gremio de la Iglesia, y de vivificar las almas que recurren á este remedio poderoso.

Sin embargo (no sé si lo diga) la gracia del Salvador es la que menos nos toca, y aficiona; y quando los penitentes de los primeros siglos pasaban toda su vida ayunando, y llorando para conseguirla, nosotros no hacemos el mas leve esfuerzo para alcanzarla. Los unos con el pretexto de evitar las disputas de la Iglesia, no se atreven ni aún á hablar de esta gracia, aunque es toda nuestra fuerza, y todo nuestro apoyo: los otros temen obtenerla, con el miedo de
ha-

haber de renunciar la codicia y apetitos que los avasallan: estos, confiando en sus proprios meritos, creen que su salvacion está en sus manos, y que son dueños de mudar su corazon quando quieran: aquellos se contentan de practicar por uso y costumbre todas las obligaciones de Cristianos, sin ocuparse en entender qué es la gracia, ni querer conocerla.

No nos admiremos, pues, de la gran corrupcion de nuestro siglo, quando la sola luz que podria ilustrarle, y el solo don que podria santificarle, es tan despreciado y desconocido. Dios se irrita de ver rechazados sus propios dones, y hallar la misma sobervia y orgullo en la casa del Cristiano que en la del Judío. Quien habla hoi de la gracia, quien ensalsalza su valor, quien la prefiere á los bienes, titulos y honores, se expone á la burla de todos, si se atreve á pronunciar no mas que su nombre en alguna tertulia ó concurrencia. ¿Obraban de este modo los primeros Cristianos, aquellos que solo se juntaban para celebrar las misericordias del Señor, para exaltar el poder de la gracia, y para darla á conocer por todas partes segun les era posible? Su boca, y su corazon no cesaban de exalarse en honor de este grande objeto, y de hacer de él el asunto de sus conversaciones y escritos.

¿Ignoramos que solo la caridad es la que pide, la que dá, y la que ayuda eficazmente, y que el mismo martirio sin esta preciosa caridad, no es mas que un es-

esfuerzo inutil para llegar al Cielo? ¡Ay! si nosotros estubieramos persuadidos de esta verdad, nuestras oraciones, y nuestras obras no tendrian otro objeto que trabajar para conseguir la gracia, y conservarla: de noche, y de dia la desearíamos, del propio modo que la tierra seca pide un riego saludable: asi como el ciervo sediento busca un manantial de agua corriente; y como los desterrados desean ver á su patria.

Pero ay! quán alexados estamos nosotros de estas piadosas disposiciones! No damos otra causa de todo lo que acaece, sino la casualidad, y la naturaleza; y lexos de conceder á la gracia lo que es puramente obra suya, buscamos las causas mas comunes, y ordinarias: es verdad, que esta

gra-

gracia, absolutamente maravillosa, emplea todo genero de medios, y que muchas veces obra baxo el velo de lo mas despreciable, y abatido. El hombre espiritual no se engaña; pero el hombre carnal, ni vé, ni juzga sino por los sentidos.

¿Quántas veces se han atribuido los efectos de la gracia á los del capricho, y del humor? Parece que se halla gusto en usurparle á Dios lo que mas honra su omnipotencia; y en vez de admirar su fuerza, y poder en un joven que abandona el mundo por encerrarse en un claustro, y en un hombre que huye la disipacion por meditar, se censuran estos procederes, y conversiones como veleidad, y extravagancia.

Este es el mundo, y tales somos nosotros: miramos la gracia
co-

como un ente de razon, que se nombra meramente por habito, y el que ni se entiende, ni percibe; pero si esto es asi, ¿qué se ha de pensar de San Agustin, que no cesa de hablar de la gracia, y vindicar sus derechos? ¿Qué se ha de pensar de San Pablo, que llenó sus cartas de este augusto misterio? ¿Qué se ha de pensar del mismo Jesu-Cristo, que nos declara, que nada podemos hacer sin el auxilio de la gracia, y que nadie puede ir á él, si su Padre no le lleva?

¡Ay de mí! la gracia de Jesu-Cristo es toda la riqueza del Cristiano: él no estima otra cosa mas que este don, el mas precioso de todos los dones: aquel don que desprendió á Pedro de sus redes, á Mateo de su telonio, y á Maria

ria la pecadora de sus escandalos: aquel don que de un ladron hizo un Santo, de un perseguidor un Apostol, y de un Emperador pagano, un Cristiano perfecto.

Sigamos la gracia, y veremos que todos esos Templos construidos, que todos esos Monasterios edificados, y todos esos pueblos convertidos, que hoi forman el Pueblo Cristiano, son real, y verdaderamente obra de la gracia: esta ha estampado el cuño de la santidad por donde quiera que ha pasado: ella sostuvo á los Martires en medio de las llamas, y suplicios; á los Anacoretas en medio de asperos, y ateridos desiertos, y á los Lots en medio de Sodoma: y es la que enarboló la Cruz sobre las ruinas de los Idolos; y la que dirigió á todos los
pia-

piadosos Escritores que defendieron tan generosamente la Fé.

Por mas que se desconozca esta gracia, por todas partes parece que se manifiesta; de tal modo, que hasta la lectura de esta obra es uno de sus efectos, para quien sepa aprovecharse de ella. Pero todos quieren mas definirla que conocerla. ¡Quántas obras hai escritas sobre el capitulo de la Gracia! En vez de pensar con el grande Agustino, que la concordia de la gracia con el libre alvedrio, y el modo con que ella obra sobre los corazones, es verdaderamente un misterio impenetrable, todos se atreven temerariamente á sondear, y adivinar sus operaciones; de aqui provienen sistemas tan contradictorios sobre la gracia: de aqui aquellas disputas fogosas

en

en las que cada uno defiende su dictamen con obstinacion, sin atender á que solo lo que dice la Iglesia debe seguirse ciegamente. Esta santa, y luminosa Sociedad, siempre, y con la misma igualdad ilustrada, no ha dexado de guardar un justo medio, y de andar entre dos escollos, que lo dán ó todo á la gracia, ó todo al alvedrio.

Se sabe que Dios, que nos ha hecho sin nosotros, no nos salvará sin nosotros; que Dios nada nos debe absolutamente: que su gracia en qualquier tiempo que se ofrezca, siempre es un don puramente gratuito, y que coronando nuestros méritos, corona sus proprios beneficios.

Estas verdades capitales empeñaron á los primeros Cristianos á solicitar incesantemente la gracia del

del Salvador, y están ociosas entre nosotros: efectivamente fogosos para la disputa, y frios para la oracion, no trabajamos para conseguir la gracia quando no la tenemos, ni para recobrarla quando la hemos perdido, no obstante, que es la luz, y la misma vida de nuestra alma: todos se persuaden, que una confesion hecha de priesa, y una absolucion recibida sin preparacion, han de reconciliarnos inmediatamente con Dios; y sin haber comenzado á amar á este Sér supremo, y benéfico, como origen de toda justicia, todos se atreven á afirmar, que se ha satisfecho plenamente á la Justicia y Magestad divina.

Asi es como la gracia se desconoce entre nosotros: asi es como mo hemos llegado hasta ignorar lo que la constituye, lo que es su esencia, y lo que la produce. Preferimos los favores, y agrados de los Principes de la tierra, á todas las gracias del Cielo; y poco nos importa el ser dignos de amor, ó de odio, con tal que seamos ricos ó sabios.

Aquel tiempo en que se trabajaba por la salvacion con temor y temblor, se pasó enteramente: yá se duerme en pecado con la misma serenidad, que si se tubiera la gracia santificante: y aunque se sepa que qualquiera que muere, no estando en gracia se condenará infaliblemente, muchos se exponen todos los dias á este formidable peligro: ¡qué ceguedad! ¡qué estolidéz!

¡Qué diria el grande Agustino, aquel generoso defensor de la gra-

gracia, si viera nuestra insensibilidad sobre esta materia! ¡Qué dirían los Padres de tantos Concilios, que establecieron su poder, y eficacia, si fueran testigos de la vanidad, y presuncion con que nosotros creemos poder cumplir con nuestras obligaciones! Es cierto que los Mandamientos de la Lei de Dios no son imposibles; pero tambien es cierto, que no se pueden cumplir sin la gracia: es cierto asimismo, que Jesu-Cristo murió por todos los hombres; pero es seguro que su Sangre no se aplicará á todos: es evidente, que todos tienen libertad para hacer resistencia á la gracia; pero tambien lo es, que nadie resiste á las eficaces, porque entonces no tendrian ellas efecto. Esta es la doctrina de la Iglesia, y de todo Católico; y por consiguiente, los errores contratrarios á estas verdades están anatematizados universalmente, y merecen estarlo, porque Dios no manda sino lo que es practicable, porque la muerte del Salvador es el rescate de todos los hombres, y porque el libre alvedrio, aunque debil por el pecado, no está enteramente destruido; de otro modo nosotros seríamos en las manos de Dios automatos ó máquinas de prestado movimiento, y nuestras obras las mejores, y aun las mas dignas, dexarian de ser meritorias.

Pero sin explayarnos mas sobre estos Dogmas, que son el fundamento de nuestra fé, pensemos freqüentemente en las sombras y obscuridades que ofuscarán nuestra alma, quando la gracia no haga lucir sus rayos, nosotros no sen-

sentimos estas miserias, porque poco instruidos acaso en la Doctrina de la Iglesia sobre estos importantes asuntos, somos materialmente Pelagianos, atribuyendonos á nosotros mismos el principio, y los aumentos de nuestra santificacion.

Esto no es decir que estamos obligados á introducirnos en disputas que causen cismas y escandalos. El instituto de los Fieles es callar, y someterse á la autoridad de la Iglesia, luego que ésta ha hablado; pero no es menos verdad que nosotros debemos conocer, y entender las verdades que se han de creer, y los errores que se han de rechazar. La Doctrina Cristiana no se ha hecho para que se ignore: su exposicion es el estudio del verdadero Fiel, y le sirve de regimen. To-

Todos se extravían en los asuntos de la gracia, porque han querido juzgar de ellos por las proporciones de la justicia temporal, y con las reglas del entendimiento humano. No se ha meditado en que Dios á nadie debe dar cuenta, ni razon de sus operaciones, y que sería ultrajarle el examinar sus designios.

Admirémos los prodigios de la gracia en los libros sagrados, y en la Historia de la Iglesia, pidiendo á Dios con las mismas expresiones que hai en las Colectas, diciendole al Señor freqüentemente: concedenos, ¡ó Señor Omnipotente! la Fé, la Esperanza, la Caridad, y el aumento de estas virtudes (1); diciendo: haznos amar

_____
(1) *Da nobis Fidei Spes & Charitatis augmentum.*

amar lo que mandas (1); diciendo: ¡O Dios mio! Vos, sin quien nuestra enfermedad nada puede, danos los auxilios de tu gracia, para que en el cumplimiento de su Lei podamos agradarte con nuestra voluntad, y con nuestras acciones; (2) diciendo: derrama en nuestros corazones tu amor, para que amandote en todo, y sobre todo, nos hagamos dignos de tus promesas que exceden todo deseo (3); diciendo: ¡O Señor! haz que te pidamos lo que sea de tu agrado,

---

(1) Fac nos amare, quod præcipis.

(2) Et quia sine te nihil potest mortalis infirmitas, præsta auxilium gratiæ tuæ, ut in exequendis mandatis tuis, & voluntate tibi, & actione placeamus.

(3) Infunde cordibus nostris tui amoris affectum, ut te in omnibus, & super omnia diligentes, promisiones tuas quæ omne desiderium superant consequamur.

y por ultimo, (1) diciendo: tu gracia ¡ó Dios mio! nos prevenga siempre, nos siga, y nos incline continuamente á buenas obras. (2)

Este es el idioma con que se ha de hablar á Dios, este es el de la Iglesia, que en las quatro partes del mundo dirige estas súplicas á Dios, como la profesion de fé de todo Cristiano : no se puede hacer cosa mejor que emplear las expresiones consagradas por la Iglesia, quando se trata de la gracia, este es el medio de no extraviarse en un asunto rodeado de escollos, y cuyos abismos insondables han causado la ruina de inumerables Sectarios.

---
(1) *Fac quæ tibi sunt placita postulare.*
(2) *Tua Domine gratia semper, & perveniat & sequatur, ac bonis operibus præostet esse intentos.*

Renazca pues la gracia entre nosotros, pero mas en nuestras costumbres, que en nuestros escritos; y á imitacion de los primeros Cristianos, sean abrasados nuestros corazones del santo amor: sé con el Apostol San Pablo, que este beneficio inestimable no depende ni del que quiere, ni del que corre (1): pero sé de la boca del mismo Jesu-Cristo, que todo lo que nosotros pidieremos á su Padre en su nombre se nos concederá: *davitur vobis.*

Si la gracia fuera el objeto de nuestros deseos, y el principio de nuestras acciones, no se oirían en nuestras conversaciones sino palabras de edificacion; no se verian en nuestros procederes sino exemplos dignos de imitacion: ¡pero quién

―――――――――――
(*) *Neque currentis, neque volentis.*

quien puede lisongearse en medio de los desordenes que nos rodean, ver aquel espectáculo tan deseado de los buenos que todavia hai en el mundo! Con todo, el Señor es fiel en sus promesas: la renovacion que ha de hacerse en la Iglesia, y que está predicha sucederá; pero ¡ó Justicia de mi Dios! será por ministerio de los Judios, estos se convertirán, segun lo dice San Pablo, y nuestras prevaricaciones nos merecerán acaso el no participar de tan grande acaecimiento.

Entonces se manifestará la gracia con todo su explendor, y el Señor hará ver al Universo, que el corazon de los hombres está en sus manos, y que hace de él lo que quiere: entonces se conocerá quán culpable es el que profana la gracia y no la aprecia: entonces nos acusarán los primeros Cristianos delante de Dios, como dejenerados de su fervor, y como deshonrados de la gracia de nuestro Bautismo, y de nuestra vocacion. ¡Quántos Hereges, infieles, y Paganos harian penitencia vestidos de saco, y cubiertos de ceniza, si hubieran tenido la mas leve porcion de gracias, que con tanta abundancia hemos recibido nosotros, y con tanto descuido hemos inutilizado! La gracia es como una brasa que se apaga si no se tiene cuidado de guardarla y conservarla; pero se hace la llama mas viva y mas extensa, si se cuida de mantenerla y aumentarla: los primeros dias del Cristianismo estubieron ilustrados con esta resplandeciente luz, que nosotros hemos

mos obscurecido tanto, y que casi ya no se divisan sus rayos: nosotros rogamos aún, es verdad, pero si el Espiritu Santo no ruega en nosotros: ¡ay, qué somos sino campanas que vanamente suenan!

CAPITULO VII.

CONSEJO PARA LOS QUE piensan dexar su condicion, ó estado, con la esperanza de trabajar en su salvacion con mas seguridad.

Esta es la comun tentacion de las almas flacas, é inconstantes, que con el pretexto de piedad, lisongean su veleidad, y sobervia. El amor proprio empeña
con

con demasiada freqüencia á los espiritus inquietos á alexarse de el mundo y de sus compañias por un espiritu de intolerancia, y por una falsa idea de la soledad, como tambien de la perfeccion. Si yo pudiera, dicen muchas personas, formarme un retiro acá á mi modo, viviria con algunas buenas almas, léxos del tumulto de los hombres, y alli cultivaria mi conciencia, serviría á Dios con reposo, y estaria apartado de los escandalos, y malos exemplos: no experimentaría reveses, ni contradicciones, y gozaria la tranquilidad mas dichosa y mas profunda.

¿Pero quién no echa de ver que una vida semejante á esta descripcion no puede existir sino en la fantasia, y que es tan facil hacer

cer su pintura, como dificil realizarla? Solo en la Ciudad de Dios debemos esperar una perfecta felicidad. Solo del Paraiso, dixo San Bernardo, *que ningun enemigo entra allí, y ningun amigo sale de él; y que todos los bienes se hallan allí como en el centro de la paz.*

Si en la tierra se pudiera construir un edificio tan admirable, y si esta planta pudiera ponerse por obra, sería sin duda en las Ordenes Religiosas, donde la igualdad conserva la caridad: donde la observancia alimenta la humildad: donde la pobreza disminuye el cuidado de los negocios: donde la penitencia mortifica las pasiones: donde el desvio del mundo impide su contagio; y donde el celibato mantiene la pureza. Pero San Agus-

Agustin me enseña que las condiciones mas perfectas de esta vida, teniendo siempre fragilidades mezcladas con virtudes, no están libres de dificultades, ni contradicciones; y asi como nunca se ha de vituperar el mal por embidia, tampoco se ha de alabar el bien sin discrecion; pero sucede todo lo contrario, porque, ó cerrando los unos los ojos á lo que tiene de santo una profesion, y no mirando sino los defectos inevitables en todo estado, se privan desgraciadamente de la condicion mas perfecta y mas segura: ó los otros ignorando las imperfecciones inseparables de la humanidad, abrazan una profesion sin prevenir los inconvenientes; y asi, despues de haber tomado un nuevo genero de vida con temeridad, se
dis-

disgustan de él, como que no hallan la felicidad que esperaban, y finalizan su proyecto haciendose enemigos de su propia eleccion, é infractores de su mismo juramento.

Es cierto que la vida libre no condena por sí misma á los que la siguen, y que solo el abuso de esta libertad es el que puede perdernos; no todos los vageles que navegan en alta mar se sumergen; pero no se puede dudar que la vida retirada, como la tierra firme, es mas tranquila y mas segura; de lo que es preciso inferir, y con razon, que las Comunidades están mas esentas de peligros, y escollos: pueden llamarse, en algun modo, puertos adonde se retiran para ponerse á cubierto de malos temporales; pero asi como estos no no están siempre defendidos de los vientos, asi los mas apacibles retiros tienen siempre algun portillo abierto á la tentacion. Alli donde no hai cabernas, ni abismos, hai torbellinos; y alli donde no hai turbaciones, hai inquietudes.

Esta es la suerte comun de las cosas humanas: esta es la índole de todo lo que está sujeto al tiempo. Dios, dice un antiguo, al criar el Universo, colocó la immortalidad en los cielos, y la mudanza y variedad en la tierra. No hai estado tan santo en el mundo, que aunque haga sagrados á los hombres, los haga impecables é immutables. Satanás, Principe de este mundo, no reina en todas partes, pero en todas se entremete, yá sea baxo de una ú de otra figura; yá como zorra, yá como
leon,

leon, yá como aguila, yá como serpiente: como aguila, combate con los estados mas sublimes, y se burla de los cedros mas empinados: como leon, anda al rededor de los Cristianos para devorarlos: como zorra, entra en las viñas mejor custodiadas del Esposo de los Cantares, y las destruye: como serpiente, se arrastra, y desliza hasta el Paraiso Terrenal para triunfar allí de la mas perfecta inocencia: y como dragon, excita sublevaciones y rebeldias en medio del mismo cielo, y se lleva tras de sí la tercera parte de las estrellas.

Juzgad á vista de esto, si este enemigo de todo reposo, estará quieto como lo creeis, este que es el enemigo declarado de la Iglesia, y de todo bien, que no respepeta ni aun la misma morada en que el Eterno habita; y que hizo un Apóstata entre los Apostoles, un condenado entre los crucificados, y á los Angeles Demonios.

Qualquiera que se ha alexado del mundo sin estár bien persuadido de estas verdades, cayó en el retiro luego que halló alguna contradiccion. Es un soldado visoño que á la primer señal del tambor se asusta y se lamenta de su profesion: es un insensato, que, segun el dictamen del Sabio, se alimenta de viento, y corre tras de las aves que vuelan; y es un enfermo que muda de cama, pero que lleva su enfermedad con su inquietud adonde quiera que se muda.

¿Qué diremos, pues, de el deseo de mayor perfeccion, y de un perfecto reposo, que ordinariamenmente sirve de pretexto á los que la impaciencia, y la inconstancia inducen á dexar la sociedad! Es cierto que esto es un amor desordenado, que en vez de hacer guerra á los defectos para vencerlos, se entretienen en despreciar compañeros imperfectos: todos forman una idea admirable de un estado que se vé de lexos; y en esto sucede lo mismo que en un campo ó gran llanura, que á una cierta distancia nos parece un objeto el mas agradable, y estando en él, no ofrece mas que caminos dificiles, y torcidos, ó escabrosos. Lo que vemos todos los dias nos cansa y adormece, y lo que nunca hemos visto nos lisongea mas, y nos estimula: la lexanía de las cosas las hace mas respetables, y exquisitas: hai mui pocas personas que conozcan, que estos son verdaderos efectos de aquella corrupcion universal que se halla en todos los hijos de Adam; corrupcion otro tanto mas peligrosa, quanto se disfraza con el deseo de mayor perfeccion.

Si no mudamos de vida, y costumbres mas que superficialmente, podemos decir que nada hemos hecho: sino nos fundamos en la humildad, y en la obediencia, antes de abrazar un estado, es inutil el mudarnos á otro lugar, dexando el que ocupamos: alli daremos al través: se exasperan las enfermedades en vez de curarse, quando se usa de todas las recetas, se recurre á todos los Medicos, y se consultan todos lo Empíricos, y charlatanes; y esto mismo sucede en lo que pertenece á las almas.

No

No impugno aqui (y quiero que se advierta) sino aquel falso deseo de perfeccion producido por la creencia de que la vida retirada es una habitacion de reposo, sin dificultades, ni contradicciones. Hai una singularidad viciosa, que no se ha de confundir con la que es necesaria para conseguir su salvacion: la singularidad loable que caracterizó á todos los Santos, es la que evita la semejanza, ó conformidad con los malos Cristianos: la mala es la que desprecia la vida comun de los buenos Cristianos; y esta ultima, hablando con propiedad, es la delicadeza de la devocion afectada, que por sobresalir quiere andar por veredas extraordinarias. Es preciso aspirar siempre á lo mejor; pero hai circunstancias en las que

que lo mejor, es el mayor enemigo de lo bueno.

Vemos demasiadas personas, que inchadas con su nueva condicion, ó estado, se complacen en abatir la que ellas han dexado, hablando con desprecio, é invectivas; lo que manifiesta que esta mudanza es obra del espiritu de las tinieblas, disfrazado en Angel de luz, y no un efecto del Espiritu Santo. El que ha sido malo en una vocacion, suele ser peor comunmente en otra mejor: cada uno permanezca, dice el Apóstol, en el estado á que ha sido llamado: luego no conseguirémos nuestra salvacion mudando continuamente de profesion, sino corrigiendo nuestras acciones pecaminosas. Permanezcamos en la condicion en que la Provincia nos
ha

ha puesto, considerando que puede uno santificarse en todos los estados, á menos que una voz divina nos llame á otro: ¿y cómo conocerémos esta voz, sino sondeando nuestras inclinaciones, y gustos viendo despues si podemos, ó no resistir los malos exemplos que el siglo nos ofrece, experimentando por ultimo la nueva vida que queremos abrazar, y pensando que no nos vamos á retirar sino para padecer?

Sin estas precauciones nadie entrará en nuevas obligaciones sino para arrepentirse, y no dexará el mundo sino para volver á él. No hai asilo en donde no haya entrado el pecado, donde no haya un camino ancho que conduce á la perdicion. Acordemonos de que estamos en el mundo en un estado de examen, que el Reyno de los Cie-

Cielos no se toma sino por violencia, y que no tendriamos motivo de merecer, si no tubieramos dificultades, y contradicciones que sufrir. Consideremos, pues, que hemos de hallar por donde quiera que fueremos calumnias que nos acusarán de lo que ni menos hemos pensado, traiciones que nos han de fomentar nuestros propios amigos, zelos que suscitará nuestra misma piedad, y escandalos que nos harán gemir.

El silencio, la paciencia, y el huir las ocasiones son las armas adecuadas para contrarrestar los males que acaecen en el mundo. Hoi somos, y mañana no seremos, y á cada dia le basta su pena. Si se pensára cada mañana, que uno no tiene mas que un dia que pasar, y que consiguientemente este se

ha

ha de pasar como el ultimo de la vida, entonces erraríamos menos en un por venir incierto, cuya idea es hija de nuestra inconstancia, y ligereza.

Aunque la condicion de los Solitarios parece se aventaja lo mismo á la de los demás hombres, que á nosotros la de los Angeles: no por esto hemos de creer que tal estado es conveniente para santificar á todas las almas. La soledad para muchas personas es origen de disgustos, desfallecimiento, cansancio, y de la mas terrible tentacion: Solo el amor á la oracion, y al trabajo puede sostener á un solitario; porque á nada que se entregue á la ociosidad, ó busque alguna diversion, es perdido.

Esta es la razon por qué los Cartuxos, que tan perfectamente nos
re-

retratan á los Padres de los Desiertos, tienen exercicios que alternan unos despues de otros, de dia, y de noche sin interrupcion. San Bruno, su Fundador, y los que despues les dieron las constituciones, conocieron mui bien que la soledad necesitaba de estos apoyos.

Un padre de familia que educa cristianamente á sus hijos, y que hace de su casa un asilo de la piedad, y devocion, hace mas servicios á la Religion, y al Estado que un Solitario ó Hermitaño que no tiene otro cuidado que de sí solo. Si todos los buenos, y todas las personas honestas llegáran á dexar el mundo, porque está pervertido, no quedarían buenos exemplos en el comercio de la vida civil, y la sociedad no sería mas que un formidable, y espantotoso cúmulo de hombres perversos.

Es preciso distinguir el mundo del espiritu del mundo: éste nos es absolutamente prohibido, como contrario á la santidad del Cristianismo; pero el otro, como que no es mas que la reunion de todos los hombres, nada tiene en sí mismo que nos obligue á huirle, á menos que sus exemplos no sean capaces de llevarnos tras de sí.

Es verdad que el Solitario tiene menos ocasiones de caer, menos testigos de sus faltas, y por consiguiente menos censores, y menos imitadores; de modo, que está fuera del peligro de dár malos exemplos, y recibirlos; pero á poco que él falte á ser fiel á la gracia, la tibieza, el pesar, la pereza, el orgullo, la impaciencia, y otros diversos sinsabores se apoderan de su alma,
apri-

aprisionan su pobre espiritu, sin socorros, sin defensa, y convierten todos sus placeres en otras tantas amarguras, y sus inspiraciones en suspiros y sollozos: entonces la memoria de lo pasado, la desesperacion de lo venidero, le abaten, y postran, y le reducen á la mas triste situacion: ¡qué infelicidad para aquel que hallandose solo en semejante extremo, no halla mano que le ayude, y levante de este abatimiento! Los deseos, dice el sabio, matan al perezoso, y al Solitario mas que á otros quando se dexa mellar, ó roer de pensamientos morosos, y sueños vanos.

De aqui resulta, que la soledad nada tiene que sea mediano: ó es un Paraíso, ó es un Infierno: no hai medio, el que alli se halla contento, está como un Angel; pero ro si allí reina el disgusto, es tan miserable como un condenado. Y en tal caso es un salvage, y no un Solitario; no es Cristiano, sino Misamtropo, ó aborrecedor de los hombres, que huye del genero humano, si no lleva por su objeto el servir á Dios, y contemplarlo: esta fue la razon que le obligó á decir á Aristóteles, con mucho juicio, que para vivir solo era preciso ser un puro espiritu, ó una bestia.

La vida solitaria, pues, por sí misma no es la esencia de la perfeccion, y sí solo un medio de llegar á ella, con tal que uno sea verdaderamente llamado á vivir de tal modo. Quando los Santos abrazaron el retiro, nunca lo hicieron sino movidos de una inspiracion extraordinaria, ú despues de un largo exercicio de todas las virtudes.

Se

Se manifiesta por todas estas reflexiones que un Solitario no ha de tenerse por mejor que los que viven en medio del mundo; pero al modo que los Isleños mal instruídos, se persuaden que no hai mas hombres que los que viven en su Isla: asi las personas retiradas del mundo, creen facilmente que ellas son las que unicamente cumplen perfectamente la Ley de Dios. Advierte, Solitario, dice un Santo Doctor, no imagines que solo ilumina el Sol tu celda, que el tiempo solo está sereno entre vosotros, y que la gracia de Dios obra solo en vuestra conciencia. Como el Solitario casi no vé á otro que á sí mismo, solo consigo se mide, y compara. Y asi hasta que San Antonio vió á San Pablo Hermitaño, se consideraba en algun modo, co-

mo

mó un hombre unico en su genero.

No se ha de reputar por malo todo lo que pasa en el mundo, ni tampoco se ha de creer excelente todo lo que se hace en el desierto; porque inumerables almas, á pesar de la decadencia de la fé, viven entre nosotros que aún no se han postrado delante de Baal : la paxa, los pampanos, y las hojas, ocultan muchos granos, y frutos en la Iglesia, que nosotros no vemos: Dios conoce en todas las condiciones, y estados los hombres que son suyos : diariamente se miran despreciados los buenos Cristianos, porque se ven de cerca sus enfermedades, y nos parece milagrosa la vida de los que están alexados de todo comercio : tal debemos suponerla sin duda; ¡pero quántos pequeños defectos la rodean!

Las

Las paredes, los claustros, los vestidos, ni los nombres, no son los que hacen nuestro merito, ni los que constituyen nuestra piedad: si el Sacerdote, Religioso, ó Solitario, son como el Pueblo, no los salvará su singularidad. Dios pondrá todas sus aparentes devociones, y todas las obras de supererogacion con las oblaciones, y circuncisiones carnales de los Judíos, porque los exercicios exteriores, sin la caridad, no forman mas que hipócritas, ó supersticiosos. Yo aborrezco (dice el Señor á los Israelitas) vuestros holocaustos, y vuestros sacrificios: vuestro incienso, y vuestras victimas son para mí abominables, y no puedo sufrir ni vuestras fiestas, ni vuestras solemnidades.

Luego si es verdad que entre los

los Solitarios mismos hai tantas imperfecciones, no hai Cristiano que no deba decirle á Dios: si observais nuestras iniquidades, ¿quién es el que podrá sostener vuestro examen? Y asi no hai persona que deba cambiar de estado, sin haber conocido mui bien los empeños, y obligaciones que vá á contraer, ni antes de haber calculado mui bien las penas que vá á buscar; porque la vida del hombre, como dice el Santo Job, es una milicia perpetua; y en ella no se puede hallar situacion, ni estado que no esté rodeado de escollos: sea testigo aquel Solitario de quien habla la vida de los Padres del Hiermo, que habiendose retirado del mundo para evitar la colera, se enfureció contra un cantaro que acababa de quebrar.

CA-

CAPITULO VIII.

AVISO PARA TODOS los que leyeren esta obra.

Sucederá, sin duda, con este libro lo mismo que con todos los que salen al público; se ojean con ansia, y se olvidan, casi tan pronto como se han pasado. Con todo, cada libro de piedad, es un aviso, ó llamamiento que Dios dá para hacer entrar á los hombres dentro de sí mismos, y acordarles sus obligaciones.

Yá que se ha hecho tan rara la asistencia á los sermones, las buenas lecturas habian de suplir á lo menos este exercicio de piedad; pero; ¡ay de mí!. yá no se busca en en las obras sino una vana eloqüencia de palabras, que dexan el espiritu sin luz, y el corazon sin uncion; solo se estima una cierta novedad, que no contenta mas que la imaginacion, y que entretiene el amor de las cosas inutiles: en vez de mirar un buen libro como alimento del alma, y en vez de convertirlo en su propia substancia, para unirse intimamente con la virtud, se considera no mas, ó como pasatiempo, ó como asunto de critica: de aqui vienen todas las lecturas infructuosas, de las que somos testigos: de aqui resulta la indiferencia por las verdades de la Religion, que á fuerza de exponerse inutilmente á nuestros ojos, ya no atrahen nuestro afecto, y parecen escritos muertos.

El Cristiano de estos tiempos confundido por los primeros Cristianos, deberia sin embargo hacer una fuerte impresion, ya porque es un verdadero retrato de nuestras costumbres, y ya porque es un decreto de condenacion. Si vosotros que acabais de leerlo no os sentís movidos, temed que esta indiferencia no se os impute algun dia como un descuido digno de castigo. El Señor ha compreendido en la porcion de los tesoros que distribuye, no solo las inspiraciones y los remordimientos, sino tambien las instrucciones: esta es, pues, del numero de las gracias que el Señor os ha hecho; todo lo que nos llama á él, y á su santa Lei, debe ser infinitamente precioso para nosotros, y debemos hacerlo fructificar con escrupulosa atencion.

Quan-

Quanto mas se extravía el mundo en sus caminos, tanto mas procura el buen Cristiano alimentarse de buenas lecturas. Admirad aqui las infinitas misericordias del Señor, y la maravillosa economia de su gracia: este tiempo aunque la hez y escoria de los siglos, ya por la corrupcion de las costumbres, ya por la decadencia de la fé; con todo, no dexa de producir obras que desagravian la Religion, y que hacen amable la verdad: ¿Quántas no habeis visto en este genero, de algun tiempo á esta parte, que son otros tantos testimonios de que Dios nunca desampara á su Iglesia, y que siempre está pronto para favorecer á los suyos? Los impíos han manifestado á gritos su alegria, y se han creido dueños del campo de batalla por algun tiempo; pero no ha hecho el Señor mas que soplar, y su soplo misterioso y divino ha producido los libros mas sólidos y mas luminosos. Los Pastores han consolado á la Iglesia con sus Instrucciones; y en todas las Ordenes y clases, hasta en la de los legos, se ha dado á entender la verdad, y ha desvaratado los artificios de la iniquidad: solo han sido engañados los que han querido serlo. Salió la luz hasta del seno mismo de las tinieblas, y las objeciones del incredulo solo han servido para quitar el velo á su ignorancia y mala fé.

No os dexeis, pues, vencer de los escandalos, poned los ojos en los buenos exemplos. Este libro que teneis ahora entre manos debe haberos convencido de la san-

santidad, verdad, y hermosura del Cristianismo; y como es imposible que en algunas partes no os hayais commovido de las cosas que contiene, repasadlas á menudo dentro de vosotros mismos, pensando que serán tan verdaderas mañana, como lo son hoi; y que la palabra del Eterno, ya se medite, ó se desatienda, no por eso dexará de cumplirse.

Pero como los pensamientos son nada sin las obras, trabajad, y obrad, si quereis no ser confundidos por los primeros Cristianos; y cada uno de vosotros dediquese á regular con sumo escrupulo las obligaciones y deberes de su estado: si sois superiores, no hagais pesado el yugo de la servidumbre, sed firmes sin ser duros; dulces sin ser demasiado faciles; y afables

bles sin familiaridad: predicad mucho mas con los exemplos que con las palabras; y haced quanto pudiereis para poder decir, á imitacion del Salvador, ¿quién de vosotros me reprenderá de pecado? (1) Tened los ojos abiertos por todas partes para saber lo que pasa; y que el capricho y altanería nunca sean la regla de vuestros discursos, y acciones.

¿Sois inferiores? obedeced por amor, y no como los esclavos, que no se sujetan sino porque temen el castigo: ocultad los defectos de los que os mandan, y orad con zelo por su conservacion: si son severos toleradles en espiritu de penitencia su severidad, y os será provechosa: si son demasiado

_____

(1) *Quis ex vobis arguet me de pecato?*

do blandos, é indulgentes, apelad de su blandura y benignidad al rigor de la lei; porque por la lei os ha de juzgar Dios: pensad en que mas vale obedecer que mandar; y que es mui bastante tener uno que gobernarse á sí mismo: no envidieis los cargos, grados, ni honores: estos hacen á los que los poseen menos dignos de envidia que de compasion.

Pasemos ahora á las obligaciones comunes á todos los Cristianos indistintamente: estas se reducen á dar á Dios, á nosotros mismos, y al proximo lo que conviene. Debeis á Dios un amor de preferencia, una obediencia sin limites, y un respeto que llegue hasta la aniquilacion. Se ama á Dios con preferencia quando se está dispuesto y preparado para sacrificarle á su padre y á su madre, su hacienda, el Universo, y su propia vida, antes que ofenderle: quando se refieren á él todas las acciones, quando se le pide y ruega por mañana y noche como á su Criador, y á su Padre. Se obedece á Dios, quando se escuchan sus inspiraciones; quando se subordina de corazon, y de alma á los que le representan; quando se cumplen sus preceptos, y los de la Iglesia; quando se vive segun las promesas hechas en el Bautismo; quando se evitan las malas compañias; quando se freqüentan los oficios divinos, y los Sacramentos: y quando se preserva y desvia de la corrupcion del mundo.

Se respeta á Dios quando cada uno se humilla continuamente en en su presencia; quando se adoran los decretos de su Providencia sin murmurar nunca; quando se reciben de su mano los bienes, y las calamidades con una misma resignacion; y quando se acepta la muerte como un tributo debido á su Magestad.

Os debeis á vosotros mismos la decencia que conviene á los Cristianos, circunspeccion en vuestros discursos, en vuestras acciones y procederes; atencion en honrar á vuestra alma como templo del Espiritu Santo, en respetar vuestro cuerpo como carne que ha de resucitar gloriosamente, que ha sido santificada por la Encarnacion del Verbo; y que no se puede afear ó envilecer sin incurrir en la indignacion de Dios vivo.

Debeis al proximo una amistad

tad sincéra, ya os haya ofendido, ú obligado: prestarle sin interés, si tiene necesidad, darle de comer, vestirle, y visitarle si es pobre ó necesitado, tratarle como á vos mismo, y no darle sino exemplos de virtud; prohibiros para siempre toda murmuracion y calumnia, como delitos que son execrables para los ojos de Dios: cumplir, por último, con toda justicia respecto á los otros, como quereis que los demás lo hagan con vosotros mismos.

Si vivis en medio del mundo, nunca os allegueis á su espiritu, y que por consiguiente los bailes, los espectaculos, y todas las concurrencias profanas las mireis con horror, como obras de Satanás, las que renunciasteis en vuestro Bautismo. Que vuestras conversa-
cio-

ciones no se resientan de la perversidad del siglo, ni su contagio: que esté desterrado de vuestras casas el luxo, y que cada uno viva segun su estado. Que la Religion dirija todos vuestros pasos; que se entienda que haceis gloria vuestra el practicarla y honrarla; y que el respeto á los Ministros del Señor, nunca os permita desviaros de lo que les es debido. Santificad las fiestas con lecturas devotas, y con una rígida asistencia á los Oficios divinos; y emplead todos los dias en trabajo y oracion, segun los deberes de vuestra profesion.

Si sois Religiosos, tened siempre presente vuestra Regla, como el libro por el qual habeis de ser juzgados: no atendais ni á la costumbre, ni á la multitud; porque

el

el mayor numero es el que se condena en todos estados: que sea plena y eterna la obediencia á vuestros superiores; que la castidad de que hicisteis voto, os conserve en una pureza verdaderamente angelica; y que la pobreza, vuestro patrimonio, y heredad, os precise á privaros hasta de las cosas mas permitidas: pensad que el mundo mismo desprecia á un Religioso que no cumple con su instituto; y que segun la expresion de San Bernardo, es ser siervo del Diablo, haber renunciado el siglo para vivir segun el siglo; y que los votos ó promesas solemnes hechas á Dios, están escritas en los Cielos como titulos de gloria, para los que los hubieren desempeñado con fidelidad; y como decretos de una muerte eterna para ra los que los hubieren quebrantado: en conseqüencia de esto, evitad, como la pérdida de vuestra alma, aquellas freqüentes salidas que os derraman entre los seglares, y que os tienen en una contínua disipacion. Los Cartuxos no han tenido necesidad de reforma sino porque no salen de casa: es cosa mui ridicula ver incesantemente aparecerse en el mundo personas que le anatematizaron, y que se apartaron de él, como de un lugar donde preveían no podian salvarse. El dexarse ver un Religioso en medio del mundo, dice un célebre Doctor, habria de parecer tan extraordinario, como aparecerse uno ya difunto, porque uno y otro son hombres enterrados.

Dexase entender que se trata aqui

aqui de aquellos Religiosos, á quienes la disipacion y el disgusto hacen salir del claustro; porque en quanto á los que no se dejan ver sino quando las obligaciones de su ministerio, y sus cargos lo piden; esto es no solo permitido, sino mandado.

Si sois Sacerdotes, no mireis la grandeza de vuestro estado sino con un santo temor; y no os dexeis vér, si fuere posible, sino en el pulpito, ó en el confesonario, y en el altar: separaos de las concurrencias donde no hay mas que conversaciones mundanas, y juegos profanos: evitad aquellas comidas, en las que halla gusto el mundo de armaros lazos para autorizarse con vuestros discursos y exemplos: no hableis sino para instruir, y no obreis sino para edifificar; sea vuestro recreo, y ocupacion la lectura de los libros sagrados; la de los Concilios, y Padres de la Iglesia; de modo, que no se halle en vos mas que un hombre consagrado al estudio, y oracion. Sean vuestra guia en la administracion de los Sacramentos las reglas de la Iglesia; y que en todo vuestro exterior no se manifieste mas que el espiritu de mansedumbre y de humildad. No busqueis las preeminencias, evitad los pleitos, elevaos sobre todo el mundo, á imitacion de Jesu-Cristo, que no vino para ser servido, sino para servir: reflexionad á menudo que todos los beneficios, todos igualmente conducen al Paraiso, ó al infierno; y que este doble objeto apague todo deseo de codicia, y particularmente en un Sa-

Sacerdote, que ha elegido á Dios por su herencia, en manos de su Obispo, y delante de los santos Altares.

Nunca ofrezcais el Sacrificio sino con temblor y temor; y meditad, que esta funcion requiere en vosotros una pureza igual á la de los Angeles: sea, ultimamente, vuestra vida una práctica incesante de virtudes, y que pueda decirse al veros, que se semeja al Maestro el Discipulo.

Finalmente, Cristianos, en qualquiera profesion que estubieseis, haced todo lo posible para resucitar el espiritu de los primeros Cristianos: el Evangelio es una Lei siempre viva, que se debe observar ahora como antiguamente: no seais de aquellos á quienes confunde el Cristianismo de la pri-

primitiva Iglesia; y si hasta aqui habeis tenido la desgracia de ir por el camino de la perdicion, volved al camino real, que aún es de dia, bien que la noche, en que no se podrá trabajar, se acerca con aceleracion. Este libro puede ser que sea el ultimo que leais: el que le ha compuesto ya no vive, pero vive su alma, que se levantará contra vosotros en el dia ultimo, si todas las verdades que ha tratado, y yo he creido debia recopilar, no sirven mas que para haceros mas culpables.

A causa de que el mayor numero de los males, que hemos deplorado, no tienen otro origen que la ignorancia de las obligaciones, y la indiferencia con que se miran las verdades de la salvacion: los libros, como ya lo hemos dicho,

cho, son unos de los medios mas capaces de curar estas dos cegue- dades; y entre todos los libros el Testamento nuevo, como palabra del mismo Dios, merece el primer lugar: todos los Santos Padres han aconsejado su lectura, y es preciso confesar, que en él se halla el com- pendio de todo lo que el Christia- nismo tiene de mas excelente y su- blime.

Y asi no puede hacerse cosa mejor que leer cada dia un capí- tulo de rodillas con aquel reco- gimiento, y aquella veneracion que requiere un acto tan religio- so: los primeros Fieles nos die- ron el exemplo de esto: aquellos que tenian siempre este libro en las manos; y que, queriendo ser enterrados con este precioso te- soro, mandaban que se les pusiese sobre su pecho en el mismo instante que espiraban: este es el libro del que se dice en el Apocalipsis, que si alguno cercena de él una sola letra será quitado del libro de la vida; este es el libro que se ponia en otro tiempo en el Tabernáculo al lado del Cuerpo del mismo Jesu-Cristo, y que no se abria sino arrodillandose con toda reverencia en espiritu, y en verdad.

Los Psalmos que ha consagrado la Iglesia para su oficio, deben succeder, ó seguirse al nuevo Testamento, y cada uno de nosotros debe rezarlos con una efusion y derramamiento del corazon, que tenga por principio el amor de Dios.

Se han visto Ministros, y aun Reyes rezar el Oficio del Breviario

rio, tan escrupulosamente, como si tubieran estrecha obligacion; y esta piadosa costumbre debe á lo menos empeñarnos á conocer el Psalterio, y á nutrirnos de él. Los Psalmos elevan el alma, abrasan el corazon, llenan el entendimiento de las idéas mas sublimes, y son el interprete de todas nuestras necesidades.

La Imitacion de Jesu-Cristo, aunque obra de estos ultimos siglos, es digna de leerse mui á menudo: nos ofrece consolaciones y remedios para qualquiera situacion en que nos hallemos; y su aparente sencilléz contiene mas conocimientos que todos los libros de los Filosofos.

CA-

CAPITULO IX.

DE LAS CONSECUENCIAS
que se deben sacar de esta obra.

El Cristianismo, como lo hemos visto, no puede ser objeto indiferente, si de su práctica resulta la salvacion: el olvido que de él se hace causa necesariamente la muerte; y asi todos esos medios Cristianos que no guardan de la Lei sino lo que les complace; como tambien todos esos falsos Cristianos, que no tienen mas que la apariencia de la virtud, y que ocultan el corazon de un Judío, baxo la exterioridad de un bautizado, deben esperar una eterna con-

condenacion: no hai medio destinado para los tibios, é indiferentes: qualquiera que no se violentare para ir al Cielo, no puede esperar ir á él.

Sé mui bien que estos principios de ningun modo son del gusto de un siglo tan sensual, y tan afeminado como el nuestro; y que hablar en este estilo es pronunciar un decreto de muerte contra el mayor número de los Cristianos que oy viven: ¿pero se puede modificar el Evangelio, por complacer á un mundo corrompido? ¿se ha de desvanecer la santa severidad que enseñó el mismo Jesu-Cristo, por lisongear las pasiones? ¿y se han de alterar las mas terribles verdades de la Moral, por no exasperar á la multitud?

¿Podemos ignorar que las modas

das de un siglo, lo mismo que sus usos, y costumbres, no son la regla del Cristiano; y que no sacando del Evangelio, de este libro invariable y eterno, los principios que deben guiarle, no puede esperar sino las mayores infelicidades?

Es para temblar, yo lo confieso, el poner los ojos sobre todo el mundo; ¡Ay de mí! nada mas se vé en él que mui pocos Cristianos entre muchos Paganos, é Infieles: y aun contando los Hereges, y despues los que en el Gremio mismo de la Iglesia viven como profanos ¿qué nos queda? Esta sola ojeada turba y consterna; y si uno supiera que el Evangelio se ha anunciado por todas partes, y que qualquiera que practíque la Lei natural gravada

en

en todos los corazones, será seguramente ilustrado con algun rayo celestial, no se conoceria todo el fruto del gran Misterio de la Encarnacion.

Es cierto que los Católicos están esparcidos por todas las partes del mundo: que estos se hallan tanto en el Oriente, como en el Poniente, y que en esto la Iglesia sola merece el glorioso titulo de *Universal*; pero no es menos cierto, que el mayor numero de los que tienen el nombre de Cristianos le deshonran mas que le ilustran; y que entre nosotros reinan los mismos desordenes, escandalos y horrores que entre los negros y salvages, esos infelices, que están sentados en las sombras de la muerte.

¡Qué asunto para temer y refleflexionar aquellos en quienes aún no se ha apagado la fé, y que están adheridos á la Iglesia como á su verdadera Madre! Porque debemos saber, que el que ama sinceramente la Religion, se aflige á vista del gran numero que la ultraxa y la desestima. El Profeta David dixo á Dios, que se secaba de dolor al ver los prevaricadores de la Lei: ninguno de nosotros dexaria de experimentar lo mismo, si amara verdaderamente el Cristianismo.

Este es el fruto que nosotros debemos sacar de esta lectura; lo primero, llorar y sentir los extravíos, y desordenes del siglo; y lo segundo, humillarnos á vista de las misericordias del Señor, de las que nosotros mismos hemos abusado tantas veces. Ay! ¿qué po-

podríamos decir? ¿Tendríamos razon para lamentarnos, si interrumpiendo el Señor de un golpe el curso de sus gracias, suspendiendo las funciones de sus Ministros, nos privase de Sacerdotes para absolvernos, y nos hiciera sentir con este formidable castigo el peso de su ira é indignacion? Pero porque Dios es bueno hacemos deleite nuestro el abusar de su bondad, sin meditar que al fin se cansa su paciencia, y que hai una medida señalada para nuestras culpas, como tambien para sus gracias.

Si la fé nos anima, y si este libro ha hecho en nuestros corazones la impresion que debe hacer: santamente irritados contra este siglo desgraciado, y contra sus usos, diremos con San Pablo, re-

reparemos, y recobremos el tiempo, porque los dias son malos, y miremos estos dias como el preludio de aquella seduccion que ha de llevarse tras de sí el Universo, (exceptuando los Escogidos) y como postillones de aquellos terribles acontecimientos que anunciarán el dia grande del Señor.

Yá nos avisa el cielo con fenomenos de todas especies: Todas las semanas leemos en esos escritos, que conservan la data de los hechos importantes, que aquí se ha visto el mas asombroso meteoro: que allá se han sentido los mas fuertes terremotos: que por esta parte se ha levantado el mar con una impetuosidad que no vieron nuestros Padres: que por aquella otra parte han sido consumidas Ciudades enteras con fuego

del

del cielo; y nosotros nos mostramos insensibles á estas relaciones, porque no es la Religion el móvil de nuestros procederes, ni el alma impulso de nuestros pensamientos; y porque somos enteramente terrenos y carnales.

Una desgraciada Filosofia, que segun la expresion del Apóstol, es conforme á los elementos del mundo, y relativa á la tradicion de los hombres, se ha derramado de tal modo, y se ha apoderado tanto de los entendimientos, que todo se atribuye á la naturaleza; y en consequencia de esto los prodigios, lo mismo que los mayores milagros, se consideran como juguetes del acaso, ó como una resulta de la disposicion del mundo.

El mundo no subsiste sino por la Iglesia, ese cuerpo místico que les parece á los hombres carnales un objeto de desprecio: todo está en Jesu-Cristo, dice San Pablo, es para Jesu-Cristo, y por Jesu-Cristo. (1)

Este es el grande objeto que nunca debemos apartar de nuestros ojos, si queremos tener la devocion sólida que el Cristianismo pide: el nombre de Cristiano trae su origen de Cristo, para darnos á entender que en algun modo debemos ser otros tantos Cristos por la semejanza con nuestro divino modelo: ¡pero ay de mí, qué desproporcion! Yo no quiero para convenceros sino la imagen de un Crucifixo, comparada con nuestras costumbres y sensualidades. Jesu-Cristo sobre la Cruz está en el ma-

―――――――――――――
(1) *Omnia in ipso, & per ipsum constant.*

mayor abatimiento y humillacion, y nosotros no buscamos mas que la vanidad, y estamos llenos de sobervia y ambicion: Jesu-Cristo en la Cruz está en la mas horrible desnudéz; y nosotros no estimamos sino adornos obstentosos, y queremos que nuestros cuerpos y nuestras casas lleven las notas del luxo mas inmoderado: Jesu-Cristo en la Cruz nos ofrece el exemplo de todos los dolores; y nosotros evitamos los trabajos como el cúmulo de los males, y vivimos en la delicadeza y afeminacion mas delinqüente.

¿Dónde está nuestro Cristianismo? ¿Dónde está nuestra fé? ¿Es el que nosotros llevamos el camino sembrado de espinas que nos trazaron nuestros Padres, y por donde caminaron con tanto
ze-

zelo y ardor? No nos queda mas que la memoria de su piedad para acusarnos y condenarnos. El retrato que hemos visto en esta obra de su penitencia, y de su amor á todo lo que manifestaba mortificacion, es una perpetua reprehension de nuestras sensualidades.

Pero es preciso explicarnos ahora de un modo nada equívoco. ¿Queremos ir al Cielo; consentimos nosotros en elegir el Infierno por nuestro patrimonio? Si tenemos horror á este ultimo lugar, como deposito de todas las infelicidades, practiquemos, pues, todos los medios para evitarlo; y con el temor de no encontrarlas, comenzemos desde ahora á abrazar el camino de la Cruz; puede ser que no nos queden yá veinte años, puede ser que ni diez, ¿qué di-

digo yo? puede ser que ni una semana, puede ser que ni un dia de camino, que parece áspero á la naturaleza, pero que la gracia llena de dulzura.

Si pudieramos preguntar sobre este asunto á todos los Cristianos que deben ser nuestros modelos, nos responderian que el Señor los visitó tan freqüentemente con sus consolaciones, que hizo que hallasen, en medio de las mayores adversidades, luz para conocer que es una locura preferir los falsos placeres del mundo á los bienes que Dios comunica, y que solo aquel primer instante en que uno se desprende del mundo, es el unico instante de pena y dolor.

¡Oh si Dios quisiera que estas verdades se llevasen tras sí á nuestras

tras almas! veriamos á esos antiguos martyres del Demonio, que se cansan tantos años hace en seguirle por un placer quimérico y por alguna falsa gloria, venir á humillarse delante de Dios, y venir á reconocer que su vida no ha sido mas que una série continua de penas, y sobresaltos; y que de mil dias, que ellos creían pasarlos en regocigos, no han tenido cien minutos de un gusto verdadero.

Cruelmente se pagan aun acá en el mundo los reditos de una vida profana y desordenada; las enfermedades, los remordimientos, y la zozobra de padecer sin esperanza, vienen á maltratar al alma con el mayor dolor, y congoja. No hai impios, ni malos Cristianos, que no confiesen, procediendo con sinceridad, que su
vi-

vida, que parece llena de felicidad para los ojos de la carne, no sea un suplicio continuo, yá por las esclavitudes, y sujeciones á que reduce, y yá por las contradicciones que lleva consigo. Dios siempre es Dios, y esta es la verdadera felicidad, porque Dios es infinito en sus perfecciones; y porque quanto mas se le ama, tantos mas bienes, y hermosuras en él se manifiestan, según dice San Agustin, quien despues de haberse fatigado en ir detrás de las criaturas, á cada instante se daba el parabien de haber hallado todos los tesoros en la posesion del Criador.

DEPRECACION.

O Gran Dios, que entre tantos siglos que habeis hecho pasar como las olas del mar, veis en éste tantos escandalos que os ultraxan, y arman vuestro brazo; dignaos suspender un poco los efectos de vuestro enojo, y perdonadnos.

Sabemos, ¡ó Señor! que nosotros, por nosotros mismos, no merecemos sino los mas terribles castigos, y que somos verdaderamente indignos del nombre que tenemos; pero la sangre adorable de vuestro Hijo, la sangre de vuestros Martyres, solicitan nuestro perdon, y nos dan motivo de esperar.

Si el sol viniera á negarnos su luz, si noches profundas embarazáran la succesion de los dias: ¡Ay! no podriamos reconocer otra causa de esta espantosa revolucion, que nuestros proprios pecados, porque confesamos delante de Vos, ó Dios mio, que hemos deshonrado de tal modo el tiempo, que vuestra misericordia se ha dignado concedernos, que este siglo nuestro se ha hecho el oprobrio de los siglos; y que todos los instantes que nos han iluminado, son otros tantos testigos contra nosotros: pero Señor, Vos, que del mismo centro de los mayores males sacais los mayores bienes, concedednos el dón de las lagrimas, y expiaremos con nuestro llanto los instantes que ahora echamos menos, y ofrecerémos á vuestra Iglesia el espectáculo de un ilustre arrepentimiento.

No-

Nosotros somos, Señor, los Cristianos confundidos por los primitivos Cristianos; y no nos queda mas que la afrenta de haberos ofendido: muevaos este estado, y que aquel espiritu de vida, con el que resucitais los muertos, quando es de vuestro agrado, se comunique á nosotros. Entonces borrarémos el escandalo que introduximos en Sion: y vuestra Iglesia recobrará su explendor antiguo.

Agotad, ¡ó Dios mio! el manantial de esos Libros impíos que se atreven á blasfemar de vuestro santo nombre: secad la mano de esos Escritores tan atrevidos que impugnan los Dogmas de vuestra santa Religion, y haced que todos reconozcan, y confiesen de rodillas, que Vos sois el solo Rei del Cielo, y de la tierra, y el solo

Autor del Cristianismo que profesamos.

De tal modo hemos degenerado de la virtud de nuestros Padres, que no somos ni sombra de lo que ellos fueron. Nuestro lenguage, y costumbres contradicen nuestra fé continuamente; y solo un milagro de vuestra diestra, puede sacarnos del estado de abatimiento á que nos hemos reducido.

Si de las piedras mismas, ¡ó Dios mio! suscitais hijos de Abraham, ¿no podeis reproducir una generacion semexante, en un todo, á la de los primeros Cristianos? Los Santos son obra vuestra, y nosotros seremos lo que ellos fueron, quando Vos quisiereis convertirnos.

No permitais, Señor, que esta lectura sea para nosotros infructuosa, lo mismo que otras que hemos hecho hasta el dia: La letra de nada sirve, pero el espiritu vivifica; y nosotros os pedimos, Señor, este espiritu, como una semilla que prenderá en nuestros corazones, y producirá los frutos de vuestro amor.

Vuestra Iglesia desolada, no cesa de pediros la resurreccion de sus hijos, ella os ruega, os solicita de dia, y de noche para obtenerla. Compadeceos, Señor, de sus lagrimas, y de su afliccion, y nosotros cantarémos continuamente cánticos de amor, y de reconocimiento (1).

Vengad, ó Salvador mio, á esta Iglesia de los insultos que diariamente la hacen los impíos: ven-

---
(1) *Et psalmos cantabimus cunctis diebus vitæ.*

vengadla de los agravios y males que le hacen los malos Cristianos. Acordaos de que es vuestra Esposa, que conseguisteis con el precio de vuestra sangre: que su gloria es la vuestra; y que nadie puede ser su enemigo, sin ser vuestro contrario.

Ya no andamos sino sobre ruinas y destrozos: las piedras del Santuario están esparcidas por las plazas públicas; y vuestros Escogidos gimen á vista de las infelicidades que amenazan á Jerusalem. Manifestaos, Señor, y asi todos estos males se acabarán, y cada uno verá vivir en sí mismo el espíritu que animó á los primeros Cristianos.

ILUSTRACIONES

AL TRATADO ANTECEDENTE

del Cristiano de estos Tiempos, &c.

Sacadas de varios Autores por el Traductor de esta Obra.

---

§. I.

¿QUE ES UN CRISTIANO?

SI quereis formar la idea de un verdadero Cristiano, debeis entender, que es un hombre que teniendo solo á Dios en el espiritu, el Cielo en el pensamiento, y la eternidad en el corazon, es siempre uno, y siempre semexante á sí mismo: es un hombre, que, no distrayendose de su trabajo, ni estando ocioso aun en el descanso, ni vano en la prosperidad, ni impaciente en sus desgracias, es prudente sin afectacion, y devoto sin fausto; es uniforme en su conducta, discreto en sus consejos, é irreprensible en sus costumbres: su generosidad le inspira el no vengarse de vna injuria sino con el silencio, ó haciendole á su ofensor nuevos beneficios: es benigno sin cobardía, flexible sin inconstancia, cauto sin malicia, piadoso sin hipocresía, humilde sin baxeza, y condescendiente sin lisonja; su fé humilde, y sometida, le obliga á recibir lo que ella le propone, sin escuchar á la razon, ni á los sentidos: esta misma fé pura y oficiosa le hace cumplir todas las obligaciones que ella misma le impone, con la mira de santificarse á sí mismo, y de agradar á Dios.

La

La esperanza del verdadero Cristiano es racional, y firme: y su caridad fervorosa y viva. Considerando que Dios es grande, le ama por obligacion: conociendo que Dios es bueno, le ama por afecto: mirando á Dios como á su bienhechor, le ama con reconocimiento: porque es Dios inmenso le ama sin medida: porque es Dios eterno le ama sin fin; y porque es Dios indivisible le ama sin separacion. Ved aqui lo que se llama, y es un perfecto Cristiano.

¿*Qué es un Cristiano?* Un Cristiano, dicen los Santos Padres, es un Ciudadano del Cielo, que desterrado por algunos dias en un pais estrangero, no debe anhelar sino por aquella patria celestial para la qual fue criado; que no perdiendo jamás de vista la perfeccion á

que

que debe aspirar, está obligado á ir incesantemente por el camino de Dios, para llegar á su patria; y que no juzgando de las cosas de la tierra, sino por la relacion que tienen con la eternidad, se prohibe todo aquello que puede aficionarle al mundo, y á las criaturas, para no oponer un afecto sino en Dios. *Un Cristiano*, es un hombre que renunciando, con todo su corazon, todo lo que lisonjea los sentidos, no debe ocuparse sino en mortificarlos: es un hombre que habiendo hecho como el Santo Job, un pacto con sus ojos, para no mirar objeto alguno que pueda corromper la pureza de su alma, debe vivir como un Angel en la casa de barro en que habita. *Un Cristiano*, es un hombre cuyos oídos no deben escuchar sino
lo

lo bueno, y edificante; es un hombre celestial en sus pensamientos, todo espiritu en sus acciones; y que vive segun Dios, por Dios, y para Dios. *Un Cristiano*, es un discípulo de Jesu-Cristo, que ocupado todo en la imitacion de este divino modelo, debe copiarle todo entero en sí mismo: debe adoptar la Cruz por su patrimonio: tener una verdadera alegria, y una verdadera consolacion en las lagrimas de la penitencia: debe estár siempre armado con el alfange de la mortificacion para avasallar la carne al espiritu, postrar sus malos afectos, y reprimir sus inclinaciones. *Un Cristiano*, es un hombre que convencido de que todo lo que hai en el mundo no es, segun San Juan, sino concupiscencia de la carne, concupiscencia de los ojos,

y

y sobervia de la vida, no vé en todas las asambleas mundanas sino peligros, y en todos los placeres, crimenes, y abominaciones: es un hombre que caminando al través de las criaturas, debe temer siempre ser corrompido con sus costumbres depravadas. Finalmente, *un Cristiano* es un Jesu-Cristo, que le representa, que le imita en todas sus acciones, que piensa como él, y como él obra; y que no solo se ha empeñado en andar sobre sus huellas, sino que ha jurado no apartarse de ellas jamás. Vé aquí lo que es un Cristiano, un hombre muerto al mundo, á sí mismo; y tan diferente de los hijos del siglo, como la luz de las tinieblas.

Siendo este que hemos expresado el caracter de un verdadero Cristiano, ¿podrán hermanarse con un un hombre tan puro las diversiones mundanas, y la impureza de los expectáculos? Bastará exâminar lo que es un Teatro; bastará notar, ó advertir con Tertuliano, que un espectáculo, ó una compañia de alegradores mundanos, no es mas que un cúmulo de hombres mercenarios, que teniendo por oficio el divertir á los otros, abusan de los dones del Señor para conseguir su desgraciado intento: excitan dentro de su propio corazon, tanto quanto es posible, las pasiones para expresarlas con la mayor fuerza. Bastará pensar con San Agustin, que es una declamacion indecente la de una pieza profana, en la que, por lo comun, se disculpa el vicio, freqüentemente se justifica el placer; y no pocas veces se vé ofendido el pudor:

dor, cuyas expresiones, las mas veces, ocultan la obscenidad, cuyas máximas encaminan al vicio, cuyos sentimientos no respiran sino corrupcion; y en la que todo esto vá animado con aires, que siendo hijos de la perversidad del corazon, no llevan otro fin que avivar, y aun encender la sensualidad. Basta comprender, que el Teatro es una viva imagen de los crimenes pasados, por el modo de disminuir su horror. Basta considerar, con todos los Santos Doctores de la Iglesia, que el Teatro es un cúmulo de objetos engañosos, y alhagueños, de terribles inmodestias, de miradas indecentes, y de discursos impíos, animados siempre con decoraciones pomposas, con vestidos profanos, voces melosas, y atractivas, sonidos afeminados, y echizos diabolicos, para convencerse que de ningun modo pueden hermanarse con las obligaciones de un verdadero Cristiano.

Comparemos, si pareciere esto exageracion, un Discipulo de Jesu-Cristo, con un Profesor, ó Asistente continuo al Teatro; y veamos si podrian jamás ponerse de acuerdo estas dos tan prodigiosas disonancias ¿pueden nunca convenirse entre sí la dignidad de un Cristiano, cuyos pensamientos deben ser santos, y el ir á escuchar máximas perniciosas, otro tanto mas oportunas para corromper el corazon, quanto que se ofrecen del modo mas ingenioso, y mas adequado para pervertir? Pregunto ¿un Cristiano, cuya con-
ver-

versacion debe ser toda del Cielo, puede licitamente ir á vér ademanes desenvueltos, y á oir discursos los mas indecentes? ¿No debiendo entender un Cristiano sino de mortificacion, y penitencia, puede licitamente freqüentar aquellos parages, en los que solo se respira el aire de la ternura, y afeminacion? Pregunto mas, ¿un Cristiano, que prometió con la mayor solemnidad abrazar la Cruz de Jesu-Cristo, y morir al mundo; hacer vivir al Salvador en su alma, y continuar su vida en la tierra, puede hallarse en concurrencias donde reina el espiritu del mundo, y conformarse con sus maximas, costumbres y usos delinqüentes? En fin concluyo mis preguntas, y reconvenciones, y digo; ¿si un Cristiano que freqüenta los

es-

espectáculos, podrá considerar esta accion, como un acto digno de ofrecerse á Jesu-Cristo? El dár aqui la respuesta, sería hacer poco favor á la piedad de los que leen con tanto gusto estas obras: yo creo que de todo lo expresado sacarán mucho mejor que yo las conseqüencias, para lo que será un grande auxilio lo siguiente. (*)

§. II.

DIGNIDAD, Y OBLIGACIONES del Cristiano.

¿QUE es un Cristiano? Un hombre que tiene una conexîon esencial con Jesu-Cristo, de quien se ha hecho miembro por el Bau-

---

(*) P. Jacinto Montargon en el Diccionario Apostólico.

Bautismo. ¡Qué gloria puede igualarse á esta! Todos los Cristianos, dice San Pablo, no forman mas que un cuerpo, del que Jesu-Cristo es la Cabeza, y de quien se hacen miembros por este Sacramento que los une á este divino Redentor: union verdaderísima, supuesto que es un Articulo de nuestra Fé: union absolutamente real, supuesto que el Espiritu Santo es su principio: union la mas íntima, supuesto que vivimos la misma vida de Jesu-Cristo: union por ultimo la mas sublíme, supuesto que nuestro mismo Salvador la compára á la union que él tiene con su Eterno Padre.

Quán noble, y excelsa es la dignidad del Cristiano, se infiere de las maravillas que obran en un bautizado las tres divinas Personas. El Padre Eterno obstenta en el Bau-

Bautismo su poder, comunicandole al agua, que es un vil elemento, y á la palabra del hombre, que es de tan poco valor, fuerza y virtud de conferir la gracia: El Hijo hace resplandecer en el Bautismo su sabiduría, habiendo inventado con él un medio eficacísimo para hacer que nazca espiritualmente un hombre, sacarlo del estado infelíz de la culpa, y ensalzarlo al de la gracia. El Espiritu Santo manifiesta en el Bautismo su amor, y misericordia, substituyendo á los rigores de la circuncision, una ablucion facil y suave, que nos dá el derecho de conseguir el Paraíso. Por medio de este Sacramento el Padre nos recibe por sus hijos adoptivos, y herederos de su Reino: el Hijo nos comunica los meritos de su Pasion: nos laba en su

Sangre, y nos hace miembros vivos de su cuerpo mistico; y el Espiritu Santo se difunde en nuestros corazones para ser la vida de nuestras almas, y el principio fecundo de nuestras espirituales, y sobrenaturales operaciones.

Un Cristiano por el Bautismo se hace Templo del Espiritu Santo. ¿No sabeis, dice el Apostol, que vuestros cuerpos son Templos del Espiritu Santo que reside en vosotros? Esta es la razon porque en el Sacramento de la Regeneracion se practican las mismas ceremonias que en la Consagracion de los Templos materiales. Por el Exorcismo se manda á Satanás que dexe la posesion de aquel que se hace Cristiano: se le consagra á Dios con la santa Crisma, figura de la uncion de la gracia

cia que se difunde en su alma: por el soplo misterioso del Ministro, que hace esta consagracion, toma posesion el Espiritu Santo de este Cristiano, y el mismo Santo Espiritu se hace entonces principio, y objeto del culto que el fiel le ofrece en este Templo con los Actos de Fé, Esperanza, y Caridad. Este mismo Espiritu Santo, es el que ora en el Cristiano con gemidos inefables. ¿Podia Dios hacer mas por el hombre, y honrarle con mayor magnificencia, que haciendole su Templo? Y si Jesu-Cristo que nos adquiere todas estas ventajas no lo afirmára él mismo con estas amables palabras: *que él está en nosotros, como su Padre está en él*, (*) ¿podriamos creer que logra-

---
(*) *Tu in me, & ego in illis.*

bamos tan grandes prerrogativas, y privilegios? Y si lo creemos, ¿cómo no tenemos pensamientos mas elevados, y una conducta mas conforme á nuestra creencia?

El Cristiano por su consagracion se hace hijo de Dios. Nota S. Agustin en su Libro de la Ciudad de Dios, que los hombres grandes del Paganismo se gloriaban excesivamente de ser descendientes de los Dioses; y que esta imaginacion y falsa idea, aunque extravagante, y desordenada, les acarreaba grandes provechos; porque llenos de estas ideas tan obstentosas como quiméricas, tenian valor para emprender grandes hazañas, y las executaban con tanta felicidad, quanto que creían infalible el logro. ¿Pues qué verdad saca San Agustin de esto para nuestra instructrucción? Esta: si la creencia de una dignidad fingida, é imaginaria, hacía tan fuertes impresiones, y se fixaba tan poderosamente en el espiritu de los grandes hombres de la antiguedad, ¿qué sentimientos generosos, y elevados no deberá inspirar en un Cristiano esta inefable verdad de nuestra Fé? *Yo soy hijo de Dios por mi Bautismo, y por esta qualidad tengo derecho á aspirar á la posesion del Reyno de Dios.* (*)

¿Habeis sido bautizados, decia San Cypriano (hablando con los Neophitos, ó nuevos Cristianos:) ¿Teneis el honor de llevar el caracter de Jesu-Cristo? Pues tened gran cuidado de conservar esta nueva vida, y ved que os empeña á un com-

_____
(*) P. Texier.

combate en el que precisamente habeis de pelear con todos los pecados. Si domareis la avaricia, os hará la guerra la impureza, &c. San Agustin compara la vida de los nuevos Cristianos con la de los Judíos, quando salieron de Egypto. Estos, dice el Santo, lograron la libertad por medio de Moises: aquellos se han visto libres por Jesu-Cristo. Los Judíos pasaron por el Mar Rojo, los Cristianos por la Sangre de Jesu-Cristo en el Bautismo: los unos vieron sumergidos sus enemigos en el Mar; y los otros ven perecer todos sus pecados en las aguas. Pero tened presente, dice este Padre, que los Judíos que se libraron del furor de las ondas, no entraron inmediatamente en la Palestina, antes de esto la soledad, y el desierto exercitaron su virtud. Del

Del propio modo los Cristianos han de pasar su vida en combates, reducidos á vivir en medio del mundo, en donde inumerables monstruos probarán su valor, y exercitarán su virtud.

Esto quiere decir, que todos los Cristianos, en nuestra regeneracion espiritual, hemos contraído la estrecha obligacion de ser santos, de tener una vida pura, é irrepreensible, sin otra consideracion, ni respeto que el amor de Dios, y el amor del próximo. Desde el instante mismo en que se nos confiere el honor, y dicha de ser bautizados, estamos en la inevitable obligacion de vivir santamente aunque no se prometieran recompensas á nuestras virtudes, y aunque no hubiera castigos para nuestros pecados, no por esto podriamos
exi-

eximirnos de exercitarnos en obras santas, porque hemos sido regenerados á la gracia por las aguas saludables del Bautismo: en éstas recibimos un nacimiento nuevo, y un nuevo corazon: hemos sido marcados con un sello divino, que nos somete á una cabeza, á un Señor, á un padre, y un Dios, que no quiere reconocernos por hijos suyos, sino mediante la inocencia de nuestras costumbres; pero para conseguir esto, es necesaria una perpetua vigilancia sobre nosotros mismos, violentar nuestras inclinaciones, sostener rudos combates, y conseguir succesivamente muchas vitorias, todas dificiles, y penosas. Sin estos esfuerzos, y valentia, no esperemos, dice Tertuliano, ser jamás Cristianos, porque nosotros no nacemos tales, y solo conseguiguimos serlo exercitandonos en todas las virtudes.

Sé muy bien que es muy costoso á un verdadero Cristiano el sostener dignamente la excelencia de su augusto caracter; y á la verdad, ¿qué es un Cristiano que quiere vivir cristianamente, y cumplir con escrupulosa exactitud las promesas que hizo en su bautismo? Es un hombre criado en la justicia, y en la santidad: un hombre que habita yá por la fé en el Cielo, que no tiene otro principio para sus acciones que la caridad, otra regla que el Evangelio, ni otro fin que la eternidad: el ardor de su zelo le hace, digamoslo asi, un hombre de todos los tiempos, y de todos los lugares; el Cristiano de la primitiva Iglesia por su fervor: de la Iglesia presente por

por su disciplina; y de la Iglesia venidera por su esperanza. El verdadero Cristiano se aflige, y suspira de la caída del justo: se alegra, y regocija en la conversion del pecador: no hai para él suceso indiferente en lo que pertenece á la Iglesia. El buen Cristiano quando habla, se podria decir que el mismo Dios habla por su boca: no se halla cosa terrestre en sus deseos, ni cosa alguna mediana en su virtud. El buen Cristiano es semejante á aquellos generosos Israelitas que quando construían el Templo del Señor tenian la espada en una mano, y la llana en la otra, estando continuamente ocupados en vencer al demonio, y construir la obra de Dios: levanta el edificio de la caridad cristiana sobre las ruinas de la co-
di-

dicia: arranca de raiz todos los vicios: se fortalece en la virtud; y finalmente jamás está contento de sí mismo. (*)

Aunque es verdad que es mui costoso á un Cristiano el manifestarse á los ojos de la Iglesia, su madre, revestido de todas estas gloriosas señales, tambien es cierto que para cumplir las promesas de nuestra obligacion, y escritura, hecha solemnemente en las fuentes bautismales, tenemos inumerables socorros en esta misma Santa Iglesia de quienes somos hijos. ¿Somos acaso ignorantes? El Evangelio que nos ofrece la Iglesia es la regla que puede librarnos de las ilusiones del error; hagamos pues,

---

(* El P. Portaill en su Sermon de la Pasqua.

pues, alimento de nuestras almas este divino Libro, y nos haremos doctos en la ciencia eminente de Jesu-Cristo crucificado. ¿Somos debiles, flacos, y pusilanimes? La Fé es el broquel que nos ofrece la Iglesia, con el qual podemos rebatir todos los combates del deleite: creamos, pues, sin discurrir: amemos sin ansia de conocer, y nuestra humilde, y ciega sumision aplacará nuestras rebeldias, y calmará todas nuestras incertidumbres. ¿Somos tentados por la desesperacion de no conseguir el perdon de nuestras culpas? La Esperanza que nos ofrece la Iglesia es el casco, y morrion bien templado que debe conservarnos en la seguridad de que tenemos á Jesu-Cristo por Gefe, y por Señor nuestro. Atrevamonos, pues, á espe-

rar-

rarlo todo de aquel que es mas poderoso para salvarnos, que el pecado para destruirnos. ¿Tememos á ese Leon que está rodeandonos incesantemente para tragarnos? La santa palabra con que nos habla la Iglesia, es el alfange que puede ponerle en fuga; y la vigilancia con que continuamente está en nuestra custodia, es el preparativo que debe animarnos á la batalla: el Espiritu Santo, que ruega, y ora por nosotros con los gemidos inefables de nuestra Santa Madre la Iglesia, es el antemural, á cuyo abrigo podemos librarnos de todos los riesgos que nos amenazan. ¿Qué tememos, pues, nosotros, soldados cobardes, á vista de tantos auxilios, y socorros? ¿qué nos impide el llegar á las manos con nuestro enemigo? ¿No hemos sido ungidos con el Olio Santo para entrar en la lid llenos de fuerza y valor? ¿No podemos alimentarnos, y hacernos robustos con el Cuerpo, y Sangre de Jesu-Cristo, para facilitarnos la victoria, y el triunfo? ¿Los Angeles de salud no están al borde de la piscina para purificarnos en las aguas saludables de la penitencia, luego que hubieremos caido, ó por flaqueza, ó por engaño en alguna culpa? ¡Ay de mí! ¡quántos millones de infieles, que están ahora ardiendo en los Infiernos, habrian sido grandes Santos, si hubieran sido distinguidos como nosotros con tantos, y tan singulares privilegios! Dexo á la consideracion de los Lectores el meditar lo que dán de sí estas cristianas Reflexiones.

§. III.

§. III.

PERFECTA CONFORMIDAD que hai entre el hombre de bien, y el verdadero Cristiano.

EL hombre de bien, segun el mundo, y el perfecto Cristiano, son tan parecidos, que ninguno se engañará en su discernimiento, aunque la malicia quiera confundirlos; porque ¿quál es la idéa que se forma de un hombre de bien en el mundo? No es otra que un cúmulo de las qualidades mas esenciales del Cristiano. El hombre de bien tiene un buen corazon, sanas, y rectas intenciones: su entendimiento es ilustrado para discernir el bien; y su voluntad, con esta mira, se entrega á él sin reserva: sus sentimientos son nobles, y elevados: es atento á la justicia, mucho mas que á sus proprios intereses; y para él no hai juez mas severo que su proprio juicio. ¿Se trata de las utilidades del estado? ¿de la felicidad de su patria? ¿de la obediencia, y fidelidad al Soberano? Sus bienes, sus riquezas, y sus fondos, no los considera suyos, sino tesoros públicos: sus servicios no tienen otro principio que la grandeza del alma, ni otro objeto que la gloria: su obediencia es legitimo efecto de su razon, y no hija bastarda de un temor servil. Este es, pues, el retrato de un hombre de bien, segun el mundo, ó el retrato de un verdadero Cristiano, segun le hemos descrito. Pregunto; ¿y quién

me

me ha dado los colores para pintarle tan proprio sino la Moral de Jesu Cristo?

O! qué conformidad de costumbres, de conducta, y de sentimientos hai entre el hombre de bien, y el perfecto Cristiano en las circunstancias esenciales de la vida, que son los puntos decisivos de la probidad, y de la Religion! Pero habrá alguno que diga: ¿cómo se han de hermanar las leyes severas del Cristianismo, con los modos recíprocos que el mundo pide en un hombre de bien? ¿Los miramientos, las etiquetas, la condescendencia, la atencion, y cortesia, y un cierto fuego de espiritu agradable? ¿Y qué, no podremos hacer que el Cristiano practique tambien las individualidades del grande arte de agradar? Si creeis

creeis lo contrario os engañais; porque la caridad hace en el Cristiano, lo que la cortesia y urbanidad en el hombre de bien. El perfecto Cristiano es un hombre mui comunicable; sus costumbres son suaves, sus modos los mas preciosos; él no intenta jamás levantar la voz, ni dominar en las concurrencias; su conversacion está libre de amargura, y acritud : su corazon no conoce los movimientos de la envidia, ni jamás experimenta aquella maligna alegria que esparcen sobre el rostro, y en las conversaciones las desgracias agenas; y por tanto será inutil el intentar construir una muralla invencible entre el hombre de bien, segun el mundo, y el verdadero Cristiano. Basta que os representeis á uno, y otro y hallareis una misma paz, un mismo
idio-

idioma, y una misma conducta.

Para dár rasgos, ó pinceladas verdaderas al modelo, ó retrato que el hombre de bien debe proponerse, se ha de saber, que el Cristiano es un hombre que exerce un imperio absoluto sobre todos los movimientos de su alma. Es modesto en la prosperidad, firme en las adversidades, religioso observador de su palabra, sincéro en sus amistades, afable en sus conversaciones, zeloso por el bien del Estado, fiel á su Principe, desinteresado sin respetos humanos, y caritativo sin vanidad, devoto sin hipocresía: siempre acorde consigo mismo, y siempre dispuesto á reparar las faltas en que desliza; es oficioso para servir á todos, y dotado de una bondad perfecta para procurar la dicha de
unos,

unos, y aliviar la pena de otros (*). El hombre de bien observa religiosamente estas mismas leyes, pues de lo contrario no dará el mundo á nadie el grado de hombre de bien, si no halla en él rectitud, y verdad; y siendo estas dos prendas la basa sobre que se afirma la que llamamos probidad, y honradez: siguese de aqui, que siendo éstas las que caracterizan tambien á un Cristiano, por ellas mismas se dexa conocer la gran conformidad que hai, mirandolo con ojos sencillos, entre el hombre de bien, y el Cristiano.

Hai tambien un estrecho enlace entre el hombre de bien, ú hombre recto, y entre el hombre Cristia-

―――――――――――――――
(*) En la Coleccion de la Academia Francesa, Discurso I. año de 1703.

tiano. Parece que no hai cosa alguna tan diferente, á juicio del mayor numero de las gentes, como el ser hombre de bien, segun el mundo, y tener religion, y ser un verdadero Cristiano. Cierto es que viendo estos dos objetos superficialmente podria decirse, que son dos cosas mui desemejantes. La probidad, ó rectitud, segun el mundo, es obra de la naturaleza, y de la razon; la naturaleza la imprime en el corazon, y en el espiritu, y la razon la mantiene, y perfecciona; pero la Religion no tiene otro principio que Dios. La probidad, tal como la considera el mundo, solo dirige á obligaciones naturales, y no tiene otra mira, otro objeto, ni otro fin, que una cierta felicidad natural, que ella establece entre los hombres, la qual

qual comunmente se destruye por su malignidad, y viene á concluir con ellos. Por tanto debemos confesar que tienen vinculos, y enlaces tan estrechos, que no pueden subsistir separadas, y asi es preciso necesariamente tener religion para tener probidad; asi como es necesario tener probidad para tener religion. ¿Qué regla, ó qué fundamento podemos tener nosotros para establecer nuestra probidad, si ésta no tiene por apoyo la religion? Nosotros debemos considerar la Religion como una cadena que nos ata, y une á Dios: ahora bien ¿cómo podremos conseguir el reunirnos á Dios, si no nos unimos unos con otros? Supuesto que la union con Dios supone la union con todos los hombres, y ésta comprende en sí todas las obligaciones
que

que piden de nosotros los hombres (*).

De todo lo dicho se infiere, que todos podemos ser santos en medio del mundo. Pero se dirá, ¿cómo se ha de poner de acuerdo la santidad que pide el Cristianismo, con los empeños del mundo? ¿Cómo podremos ser santos sirviendo ciertos empleos, y entregandonos á los afanes embarazosos del mundo? Cómo? Me admira mucho que lo ignoreis, siendo de tanta importancia el saberlo; y es cosa bien indigna que no lo sepais, siendo obligacion vuestra estudiarlo, y meditarlo toda vuestra vida. Preciso es, pués, que lo aprendais. Sin duda os imaginais

que

―――――――
(*) En el Libro intitulado *Las obligaciones de la vida civil.*

que vuestro estado, qualquiera que fuere, es opuesto, y aun incompatible con la santidad. Error, si esto fuera asi, lo que llamais vuestro estado sería un delito para vos, y por sola esta razon tendriais una obligacion de precepto para dexarlo; pero, pues vuestro estado, es un estado en que Dios os ha puesto, ofendeis á su providencia, y haceis agravio á su eterna sabiduría, mirandolo como un estorvo, ú obstáculo de vuestra santificacion. No hai estado alguno en el mundo, que no sea, y no deba ser un estado de santidad (*).

Pasemos mas adelante. ¿Qué es un hombre de bien segun el mundo? Es aquel que sabe conservarse honradamente en su estado, que des-

─────────────────
(*) El P. Giroust. *en su Adviento.*

desempeña bien su oficio, que hace un gasto conveniente á su condicion, que sirve á sus amigos, que es exâcto, y fiel en cumplir las obligaciones de la Religion, modesto en hablar de lo que le pertenece, sincéro en su proceder, buen amigo, y afable en las compañias, particularmente sin nota de avaricia, y de obstinacion, ni de ligereza ó infidelidad; pues estos, poco mas ó menos, son los vicios que se oponen á un hombre de bien, y las que diximos arriba las virtudes que contribuyen para formarle. Todas estas qualidades de ningun modo son contrarias al verdadero Cristiano. Quando no me concedais en el hombre de bien sino dos qualidades: esto es, que sea sincéro, y generoso, estas dos me bastan para refutar, y condenar

nar todos los vicios de que las personas mundanas, esto es, los libertinos, y los impíos hacen vanidad, y gloria; pero que ellos condenan en los otros, y vituperan en su corazon, y que los mas juiciosos no los pueden tolerar.

Es verdad que es cosa mui dificil salvarse en el mundo; pero en qualquiera estado que uno se halle no puede ser santo sin violentarse, y tener á la raya sus deseos. ¡Terrible empeño, y estrechez: formidable empresa, y precision, dirá alguno, es ser un Cristiano regular en el mundo: asombrosa dificultad agradar á Dios, y á los hombres; y poner tan acordes las obligaciones de su profesion, con las de la religion, que no se desagrade, ni ofenda á los unos ni á los otros! Dificultoso es, es
ver-

verdad; pero pues vos mismo habeis elegido ese estado, la Providencia os ha llamado á él, y teneis las gracias necesarias para desempeñar vuestras obligaciones por grandes que sean las dificultades que halleis, á vos os toca el vencerlas, y el superar todos los respetos humanos. Pero vuelvo á repetirlo, si esto es dificil, ¿pensais que podreis ser santo sin violentaros, y tener á raya vuestros deseos? ¿Dónde está, pues, aquella Cruz que habeis de llevar, yá seais seglar, ó religioso? Esta es : el reduciros á esta precision. Esta cruz os parece dura, pero si la comparais con la que pone Dios sobre los ombros de tantos santos Eclesiásticos, sobre tantos Religiosos mortificados, que la llevan con paciencia, y mansedumbre,

con-

confesareis que la vuestra es mui
ligera; porque, finalmente, ¿qué
comparacion puede haber entre la
vuestra, y la suya? La vuestra es
cruz oculta, Dios solo la vé, Dios
solo es testigo de ella: ¡ó qué dicha poder ganar el Cielo á tan po-
ca costa! ¡Dichoso el que sabe estár en la tierra, y vivir en el Cielo! Pero si os negais á hacer un
buen uso de estas saludables reflexîones, os hago saber, que no habrá
para vos escusa, ni pretexto en el
dia del Juicio. Os lamentais por la
dificultad de vuestra salvacion,
¿pues qué quereis que haga Dios
para hacerosla facil? ¿Mirad vuestro estado, considerad los medios,
y vereis si os sería mucho mas
dificil en un estado de mayor ca-
lamidad y miseria? Dios no ha
querido reduciros á un estado de-
plo-

plorable, y vos no quereis violentaros en el estado en que os ha puesto (*).

No es otro el objeto de estas reflexiones, que dar asunto á la meditacion de los que con tanta benignidad han recibido las obras del Marqués de Caracciolo.

§. IV.

La vida de los primeros Cristianos anunciaba la santidad de la Lei Evangélica.

Basta mirar con alguna atencion la vida de los primeros Cristianos para formar juicio recto

---
(*) El P. Laure.

de la santidad, y de la pureza de su Lei. ¡Ay de mí, quán gran diferencia hai entre los primeros Cristianos, y los de nuestros tiempos! Los primeros manifestaban su santidad en todas sus acciones: en la pureza de sus pensamientos: en la verdad de sus palabras: en la justicia de sus acciones: en la dulzura de su conversacion; y en el rigor de su moral. En qualquier estado, y en qualquiera condicion que se hallasen vivian santamente. Eran pacificos en la adversidad, humildes en las prosperidades, moderados en la abundancia, obedientes á sus amos, y á sus Principes, aunque fuesen idólatras, ó infieles, en todos aquellos casos que no se oponian á su religion; de suerte, que para ver la santidad, y la pureza de la lei que ellos profesaban,
no

no era necesario sino mirar su vida, pues que, como dice Tertuliano, ellos se dedicaban á hacer mucho mas de lo que se les mandaba; y segun la expresion del Apostol (*), se verifica en ellos no ser necesario imponerles Leyes, para que vivieran santamente.

Para convencernos de que la vida de los primeros Cristianos anunciaba la santidad de la Lei Evangelica, demos la difinicion de esta santa Lei, para que careando despues su santidad con las costumbres, y regulada vida de los primeros Cristianos, se nos venga á los ojos la grande diferencia que hai entre ellos, y nosotros. La Lei Evangelica, dicha de otro modo,

_____

(*) *Lex justo non est posita.* 1. Tim. 1. 9.

la *Nueva Lei*, ó *la Lei de Gracia*, se toma de dos modos. Primero, por la gracia que el Espiritu Santo infunde en nuestros corazones por la caridad; y esta gracia, segun el Angélico Doctor Santo Tomás, es la parte mas esencial de la nueva Lei. El segundo modo cómo puede mirarse esta Lei, ó la parte menos considerable de ella, como dice Santo Tomás, pertenece á las cosas que nosotros debemos creer, y hacer. En el primer sentido, esta santa Lei no está escrita, sino infusa en nuestros corazones, y se llama *Lei de Gracia*, y *Lei de Caridad*, porque nos dirije, y lleva á hacer lo que Dios pide de nosotros por un espiritu de amor, y caridad. En el segundo sentido, esta Lei es todo lo contenido en el Evangelio, y en las de-

demás partes del Nuevo Testamento, en el que se contienen los preceptos, las máximas, y los consejos que Jesu-Cristo nos ha dejado para que sirvan de regla, y de conducta á todos los Cristianos.

Pasemos á ver la excelencia de esta divina Lei: esta se reconoce por la dignidad de su Autor, por la perfeccion de su sustancia, y por la grandeza de su fin. 1.º Por la dignidad de su Autor; porque lo es el mismo Jesu-Cristo. Este Divino Redentor nos la ha transmitido por el ministerio de los Apostoles; y sus succesores la perpetúan incesantemente entre nosotros. 2.º Por la perfeccion de su sustancia, esto es, de las cosas que contiene, pues no hai virtud alguna que ella no mande, ni vicio alguno que no prohiba. 3.º Por la grandeza de su fin, pues tiene por objeto suyo, no bienes fragiles, y perecederos, sino la vida eterna.

Veamos las principales verdades que contiene la Lei Evangélica, para que conozcamos, y admiremos, no sin asombro, sus afectos en la preciosa, y santa vida de los primeros Cristianos. Por medio de la Lei Evangélica sabemos de dónde vino el Hombre Dios, por qué vino, qué era desde la eternidad, y qué fue en tiempo. Por medio de esta divina Lei sabemos nosotros mismos para qué fin somos criados, y venidos á este mundo; por qué vivimos en él un cierto, y determinado tiempo, y qué uso debemos hacer de la vida; qué camino es el que nos lleva al Cielo, y de qué medios de-

debemos valernos para conseguirlo. En esta Santa Lei nos revela el divino Legislador los grandes misterios, y aquellas primitivas verdades, que son el fundamento de la Moral Evangélica; esto es, la resurreccion de los muertos, el Juicio universal, la soberana dicha de los predestinados, y la infelicidad eterna de los réprobos. Últimamente en esta divina Lei hallamos denotadas como en un resumen individual todas nuestras obligaciones: obligaciones respecto á Dios, obligaciones respecto al próximo, obligaciones respecto á nosotros mismos, obligaciones de modestia, decencia, y consejo, y obligaciones de necesidad, y de precepto. Hallamos tambien en la Lei divina del Evangelio lo que debemos creer, lo que debemos
prac-

practicar, lo que debemos desear, y lo que debemos temer. Sobre todo esto que acabamos de decir, circulan las Lecciones que el Hijo de Dios nos dexó. No fue su intento, como el de los Maestros de la sabiduría humana, encubrir, y ocultar con terminos misteriosos el sentido de sus palabras: está mui distante de su escuela esta pomposa sobervia, y vano disimulo. Nuestro Divino Redentor comunicó sus instrucciones al Pueblo sencillo, del propio modo que á los Filosofos, y á los Sabios. Acomodó sus sentencias, y documentos á la flaqueza de nuestras luces; y aunque impenetrables, y profundas en sus principios las cosas que nos propone, con todo nada tienen en la práctica, y respecto á las costumbres, que sobrepuje á la
ca-

capacidad de los entendimientos mas limitados, y que no puedan entender los mas rudos (*).

¡O quán admirable es la Lei Evangélica en sus efectos! Vemos claramente los prodigios de la misericordia divina en aquellos felices, y claros dias de la primitiva Iglesia: en aquella dichosa edad de la luz, y de la reconciliacion con Dios: en aquellos primeros albores de la Lei Evangélica (segun nos lo demuestra con testimonios los mas autenticos hasta de los mismos Paganos, la Historia Eclesiástica). Vemos ser tan una, tan sencilla, y tan verdadera la caridad de los Cristianos, para amarse recíprocamente unos á otros, que entre ellos no

_____

(*) P. Jacinto Montargon *en el Diccionario Apostólico.*

no se conocia el infelíz espiritu del interés que produjo el *mio*, y *tuyo*. Veíase entonces la piedad, ofreciendo á Dios, no cultos de ostentacion, y ruido, sino de humildad, y gratitud, consagrandose los corazones á Dios en espiritu, y en verdad. De este celestial origen, de este divino manantial de pureza, sinceridad, y mansedumbre, nacian aquellas heroicas virtudes, que eran la dicha, y el honor de nuestra triste, y miserable humanidad. El que hubiere leído, aunque mui de paso, los tres primeros siglos de la Iglesia, se convencerá él á sí mismo de la verdad de todo lo que llevamos dicho; y tambien conocerá que el tener los primeros Cristianos tan á la vista la excelencia de la Lei Evangélica, les daba fuerza, y valor para ava-

avasallar sus pasiones, domar sus apetitos, y no temer el poder de los tiranos. Esto no sin verguenza, y rubor nuestro se veía, no solo en los jovenes robustos, sino en los ancianos, en las mugeres, y hasta en los tiernos niños. Animados todos estos de la gracia, con la que concurrian ellos con sus buenas obras, iban en busca del martirio para llegar quanto antes al Reino de Dios, que les habia ganado con su sangre nuestro Redentor Divino.

Era cosa de asombro, y aun de espanto, hasta para los mismos verdugos, ver la constancia en los tormentos, la encendida caridad con sus enemigos, la mansedumbre en los agravios, la paz, y tranquilidad en las persecuciones de aquellos primeros Cristianos, que

que nosotros tenemos tan olvidados: de aquellos que destinó la divina Providencia para modelos de nuestra conducta, de aquellos que eran de nuestra misma carne, y acaso mas debiles, ó por enfermedad, ó por pobreza, ó por qualquiera de los muchos pretestos que nosotros alegamos: no para eximirnos de ofrecer el cuello á la espada de un tirano: no para retirarnos á lo mas oculto, árido, y destemplado de los desiertos: no para despojarnos de nuestras haciendas, de nuestras galas, y de nuestros haberes, para hacer un fondo, ó caudal comun para mantener los pobres, sino para observar una santa moderacion en nuestros placeres, una observancia fiel en los ayunos y una decente exterioridad en nuestros vestitidos. Si estas Leyes tan suaves, que casi se han dexado al arbitrio de nuestra voluntad, son tan duras para nuestra flaqueza, son tan rígidas para nuestra afeminacion, y tan formidables para nuestra sensualidad, ¿qué sería de nosotros, si nos vieramos con la espada de un verdugo al cuello? ¿Cómo cumpliriamos las penitencias de la primitiva Iglesia, los que apenas tenemos valor para oír el nombre de la penitencia? ¿Cómo estariamos noches enteras en oracion postrados en los cementerios, implorando la misericordia de Dios, y el perdon de nuestras iniquidades? (como lo hacian nuestros antiguos Españoles, hasta el siglo quinto en todas las vigilias de las festividades) ¿Cómo observariamos los rígidos ayunos de nuestros

ma-

mayores, nosotros que apenas damos gracias á Dios á la mañana, al medio dia, y á la noche por los beneficios de nuestra conservacion, vida y mantenimiento?

Todo el fervor, toda la caridad, y aquella siempre admirable conducta, y santidad de vida de los primeros Cristianos, eran dichosos efectos de tener siempre á la vista la divina Lei del Evangelio. Este libro era su vida, su riqueza, y su regalo. Incesantemente leian, y meditaban sus preceptos; y no contentos los primeros Cristianos de enriquecerse con su doctrina, la comunicaban gustosos á sus hijos, y aun á los estraños, para que difundiendose en todos las verdades de nuestra santa Religion, se hicieran todos partícipes de la felicidad eterna á que to-

todos somos llamados. No se conocian en aquellos tiempos (aunque no faltaban Poetas ni Filósofos) Novelas, Comedias, Sistémas fanaticos, ni otros inumerables extravíos del entendimiento humano, en los que por mucho que se sepa de ellos, nada se vá á ganar; y en los que no sabiendo tenerse á raya, mucho se vá á perder. ¿Se medita hoi á lo menos un quarto de hora ad dia, algun punto, algun precepto, algun aviso, alguna sentencia? ¿qué digo yo; una sola palabra del Evangelio? Yo no quiero responder. Bastante, y bien afrentosa respuesta dá el desorden de nuestra vida. ¿Y á quién se ha de atribuir este desorden? Al infeliz vasallage con que pagamos tributo al tirano dominio de nuestras pasiones.

§. V.

§. V.

COMPARACION DE LOS PRIMEROS Cristianos con los Cristianos de nuestros tiempos.

Esta comparacion no puede hacerse con aquella exâctitud que piden los asuntos de esta naturaleza, sin un exâmen mui escrupuloso de nuestra conducta. Es preciso asimismo considerar qué estudio hacemos nosotros de las verdades eternas; y dado que hagamos este estudio, debemos pasar á otro exâmen no menos riguroso que es el de los efectos que produce en nosotros la meditacion de los Libros sagrados. El odio, la vanidad, la codicia, la ambicion, la sobervia, y el ningun amor al propróximo, parece que tienen establecido su imperio en el mundo.

Con mucho menos temor de la Justicia divina, que aquel que todos tienen á la humana, se profanan todas las Leyes, y parece que con el nombre solo de Cristianos tenemos derecho mui suficiente para conseguir el Cielo. Segun el modo como se tratan las Leyes de la moderacion, parece que se han olvidado las infalibles sentencias del Evangelio; ó que si se tienen presentes, se consideran solo como amenazas, ó como sucesos de alguna novela. Pues para que de la lectura de esta obra resulte aquel beneficio que deseaba su Autor, y debemos todos desear, pondré aqui un corto discurso familiar sobre aquella terribilísima sentencia de nuestro divino Redentor, en la que dice, *que son muchos los llamados, y pocos los escogidos.*

Comienzo. Muchos son los llamados; ¡ó qué misericordia! Pocos son los escogidos; ¡ó qué justicia! Muchos son los llamados: gracia es vuestra, ó Dios mio, que hace la vocacion de todos. Pocos son los escogidos: nuestras obras son la causa de este formidable decreto. Muchos son los llamados; ¡verdad consoladora! ¡Ay de mí! ¿pues qué es la causa de que tan pocos Cristianos piensen en ella; y aún la menosprecien con tanta descortesia? Pocos son los escogidos, ¡verdad terrible, y asombrosa! Ay de mí, ¿pues de dónde viene que los pecadores reflexionen, y piensen tan poco, ó nada en tan espantosa sentencia? Muchos son los llamados: esto quiere decir,

cir, que el Cielo está abierto para todos aquellos que han tenido la dicha de ser llamados á la fé: el Cielo es nuestra Patria, y la morada que Dios nos ha preparado, para que vivamos allí con él los dias de nuestra eternidad. Pocos son los escogidos; esto quiere decir, que el Cielo abierto para todos no se concederá, esto no obstante, sino á aquellos que hubieren seguido el camino estrecho que conduce á él, sin que los demás que no lo consiguieren, de ningun modo puedan quexarse de ser excluidos; porque si lo fueren, será por culpa suya: será porque habrán seguido voluntariamente el camino de la multitud, extraviandose del camino estrecho de la verdad. De todo esto debemos sacar esta conseqüencia que aunque
el

el numero de los escogidos sea tan corto, nosotros podemos sin embargo ser de este numero. Este es el Plan que me propongo sobre este importante asunto. 1.º Es cierto que es mui corto el numero de los escogidos. Primera verdad, que debe inspirarnos un temor saludable. 2.º Aunque el numero de los escogidos sea tan corto, sin embargo es certísimo que nosotros podemos ser de este numero. Segunda verdad, que debe excitar nuestra vigilancia, y empeñarnos á hacer todo lo que esté de nuestra parte para ser de este dichoso numero. 3. Aunque Dios solo conoce el numero de los escogidos, y quiénes son aquellos que han de entrar en este numero; con todo, yo no creo que haré cosa que se oponga al respeto que debemos á su divina na sabiduría, procurando manifestar un misterio que á mi parecer ha querido revelarnos el mismo Dios explicandose sobre este asunto de modo, que comprendamos, que si todos los hombres pueden salvarse, el numero sin embargo de los que lo consigan será corto. Expongamos, pues, aqui. 1.º Lo que la Escritura nos descubre sobre este asunto. 2.º Lo que Jesu-Cristo nos dice. 3.º Lo que la misma razon nos enseña.

No hai cosa mas cierta, que aunque el numero de los escogidos sea corto, todos tenemos derecho para esperar el ser de este dichoso numero; para esto, á la verdad, es preciso hacer varias cosas: ¿quáles son estas? Si estimais como se debe vuestra salvacion, oirlas. 1.º conocer el camino que nos lleva al Cielo: 2.º examinar, sin adularnos, si verdaderamente vamos por este camino: 3.º animarse por ultimo á ir valerosamente por él, considerando toda la fuerza de los motivos que á esto nos empeñan. Este debe ser el blanco de todos aquellos que quieren ser del corto numero de los escogidos, y á lo que he pretendido reducir todo el fruto de este discurso. Estas tres reflexîones piden toda vuestra atencion.

Pocos se salvan: esta es una gran verdad que nos enseña la santa Escritura con varias figuras del antiguo Testamento, y con muchas expresiones del nuevo. Porque, ¿qué significa aquel Diluvio universal que inundó toda la tierra, en el que fueron sumergidos todo sexo, toda nacion, toda es-

esfera, toda edad, y toda carne, á excepcion de ocho personas que se salvaron en el Arca? ¿No es esto dicen los Padres de la Iglesia, la figura de lo que se cumple á nuestra vista, donde de seiscientos mil Cristianos, apenas se hallan ciento que lleguen dichosamente al puerto de la salvacion? En Sodoma, y Gomorra fueron abrasadas todas las casas, tanto las públicas como las particulares, fueron convertidas en ceniza. Loth con otras tres personas mediante el patrocinio de un Angel que se les embió se libraron del incendio.

Pocos se salvan: sí. Vuelvo á repetir esta asombrosa, y formidable verdad. Todos vuestros Padres, dice San Pablo, fueron ilustrados de un proprio modo; todos fueron conducidos por una misma
pro-

providencia, y guiados por una misma Columna de fuego; todos pelearon baxo de un mismo Gefe, ó General, y unos mismos milagros se executaron para todos: pues con todo esto, añade San Pablo, no todos agradaron á Dios: porque de seiscientos mil que salieron del Egypto, solos Josué, y Caleb entraron en la tierra de promision. Pero lo que mayormente debe causarnos mas susto, y asombro, es lo que añade el Apostol, que todo eso no es sino figura de lo que habia de suceder en el Cristianismo. ¡Ay de mí, pues qué es cierto! Los seiscientos mil que perecieron batallando para llegar á la tierra prometida, no son sino la figura de tanta multitud de Cristianos que pelean en el mundo. ¡Ay! exclama aqui San Agustin, si esto sucede con

con la figura, ¿qué no deberemos temer de la realidad?

Pocos se salvan, pocos se salvan. Nosotros tenemos la prueba de esto en la Parabola de las diez Virgenes, que aunque estaban libres de grandes faltas, sin embargo no fueron admitidas todas en la casa del Esposo; cinco entraron en ella, y cinco fueron desterradas. No, dice San Cypriano, porque ellas hubiesen violado la fé que debian al Esposo; no, porque ellas se hubiesen entregado indignamente al desorden de sus pasiones; pero sí porque sus lamparas estaban sin aceite; esto es, porque no tenian las virtudes convenientes á su estado, y porque no tenian otra cosa que ofrecer sino una virginidad estéril (digamoslo asi), y despojada de todas aquellas obras
que

que dán derecho para la recompensa.

Yo lo confieso, que no puedo ojear las cartas del Apostol S. Pablo sin llenarme de terror, y asombro, quando leo en ellas lo que decia á los Fieles de Corinto: todos, dice, corren en la carrera, pero uno solo lleva el premio. Notad que el Apostol no habla aqui de aquellos perezosos que, permaneciendo en una vergonzosa inaccion, no hacen obra alguna que pueda salvarnos; ni tampoco habla de aquellos pecadores tenaces, y renitentes, que empleados en la infeliz ocupacion de la iniquidad, casi no hacen obra alguna que no sea para su condenacion. Habla sí el Apostol de aquellos valientes, y esforzados campeones que, entrando en la batatalla pelean con gran valor, y valentia. ¿Qué es lo que quiere representar con esto San Pablo á los de Corinto, sino la necesidad que tienen de correr en el camino de la salud, y el temor de que su carrera sea infructuosa? Una corona incorruptible os espera dice despues; pero corred de tal modo, que podais conseguir el premio.

No os engañeis, prosigue el Apostol, no creais que el curso, ó carrera que yo os pido, es una carrera, ó curso de un instante, y que para ganar la palma de la victoria basta haber dado algunos pasos: no, no, no os lisongeis, no todas las carreras conducen á este dichoso termino. El curso, ó carrera, de un corazon tímido, ó cobarde, de un corazon dividido en inumerables afectos

tos contrarios unos de otros, de un corazon que da hoi algunos pasos ácia la virtud, pero que se cansa mañana, y vuelve de nuevo al pecado; esto de ningun modo puede conducir al término: corred, pues, pero corred de modo que consigais el premio: corred como el Señor os lo manda, y como vuestra propia dicha lo requiere: corred, pero en medio de vuestro curso temed que vuestras infidelidades no os impidan el lograr el premio prometido, pues que repitiendo el oraculo de San Pablo, de tantas personas que corren, apenas se halla una que merezca coronarse.

¡Ay de mí! Confesemos aquí, no sin confusion nuestra, que conocemos mui poco los peligros á que estamos expuestos, supuesto

las

las pocas diligencias que hacemos para salir de ellos. ¡O qué infelices somos! Nosotros no temblamos ni un instante las verdades que en los primeros tiempos de la Iglesia hacian estremecer, y secar de espanto á los mas justos: aquellos llenos de virtudes, y extenuados á mortificaciones, temblaban; y nosotros, despues de tanta multitud de pecados, de tantas caidas, y recaidas, vivimos con gran tranquilidad y sosiego: pecadores por naturaleza, pecadores por malicia, pecadores de voluntad, y pecadores por obstinacion, vivimos mui quietos y sosegados, sin pensar qual será nuestro destino. A la verdad, ¿podrá hacerse creible esta infelíz ilusion? ¿Podria creerse que esto sucediera en nuestros tiempos, si no se viniera de bul-

bulto á nuestros ojos?

Vuelvo al principio, y para moveros á que mediteis la importante verdad que os anuncio, veamos cómo se explica, sobre este importante negocio, aquel que conoce toda la dificultad, y sabe todo el suceso. Muchos son los llamados, pero pocos los escogidos: expresion decisiva; y que no cae solo sobre los que se escusaron de ir al banquete del Padre de Familia, sino principalmente sobre los que habiendo ido al festin, no llevaron el vestido nupcial, esto es la caridad, segun se explican los Santos Padres. Apliquemonos esto á nosotros mismos, y temblemos. Entre aquellos que, como nosotros, han tenido la dicha de ser llamados, como dice San Pablo, al conocimiento de la verdad,

dad, todos son llamados de un modo especial por socorros de predileccion y de eleccion, y con una bondad que se allega, á mi parecer, hasta precisarlos y forzarlos; y sin embargo en un Pueblo tan privilegiado, en una nacion tan distinguida, hai pocos que sean dóciles á la voz que los llama; pocos en cada estado, y en cada profesion, porque cada estado, y cada profesion tienen sus máximas de mentira, y error, y en ellas se escuchan mas los deseos de las pasiones, que las reglas de la obligacion.

Pero aunque son tan fundados los principios que he establecido sobre los Libros santos, veamos ahora otros mas perceptibles para todos, y que nos precisarán á confesar necesariamente que ha de de ser mui corto el numero de los escogidos entre nosotros. Para esto no es necesario recurrir á autoridad alguna, nos basta el comparar simplemente los Cristianos de nuestros dias, con los Cristianos de la primitiva Iglesia: Es verdad que nosotros hemos heredado su nombre, exâminemos, pues, si hemos heredado tambien su santidad. Veamos en pocas palabras qual era su caracter, y qual debería ser tambien hoi el de los Cristianos, para entrar en el numero de los escogidos. Expondré como de paso algunas circunstancias.

Lo primero animaba á los Cristianos de la primitiva Iglesia una caridad sincera, que formaba de todos un corazon y una alma. Sin duda se habria mirado entonces
co-

como un monstruo, no digo yo al que calumniase la inocencia, sino al que formára un juicio ligero, y poco discreto de las acciones de su próximo: se habria considerado entonces como un monstruo, no digo yo el negarse á la reconciliacion con su enemigo, y sí solo el conservar interiormente el menor sentimiento de aversion. En vista de esto, no puedo dexar de decir, mirando las enemistades, y odios que reinan entre nosotros, que somos mui diferentes de los primeros Cristianos: estos consideraban como una obligacion indispensable el hacer que triunfase la caridad de todos sus disgustos y disensiones; de modo, que admirados los Paganos, decian: es cosa de asombro el vér cómo se aman unos á otros:

entre ellos no hai zelos, antipatía, envidia, ni rastro alguno de quexa, ó sentimiento, que divida sus corazones: todo es caridad entre ellos, pues están siempre dispuestos á morir unos por otros.

Para mayor confusion nuestra, y sin llamar en mi apoyo á la exâgeracion, pregunto, ¿dónde hallarémos entre nosotros las señales, y notas de aquella santa caridad, que es el alma, y fundamento de nuestra sagrada Religion? ¿Cómo manifestarémos nosotros, que todos juntos no tenemos sino un corazon, y no componemos sino un cuerpo en Jesu-Cristo? ¿Cómo expondremos á la vista del mundo el admirable espectáculo de aquella santa caridad de los primeros Cristianos, nosotros, que por la cosa, ó palabra

bra mas trivial y pequeña, concebimos un odio implacable contra nuestro proximo? Ciertamente que sería bastante larga la individualidad de nuestros desórdenes: quisiera no decirlo, pero la justa causa de nuestro desengaño, y la amarga quexa con que se lamenta nuestra propria sinderesis, me precisa á no omitir una reflexion, que es mui vergonzosa para nosotros, y será siempre mui plausible para los primeros Cristianos. La caridad con que se amaban (que fue la admiracion de los Gentiles, como diximos en el parrafo antecedente) acreditaba la santidad de vida de los primeros Cristianos; y el ningun amor con que nos tratamos nosotros, sería escandalo hasta para los Turcos.

Dos objetos principales de
nues-

nuestra santa Lei habian de ser los interminables asuntos del Pulpito, y del Confesonario: el amor de Dios, y el amor del proximo; y todos los demás puntos habian de salir de estos dos manantiales; y volver á ellos como á su centro. Ningun extravío ha sacado tanto á los hombres del camino real de la salvacion, como haber perdido de vista las dos miras sagradas del amor de Dios, y del amor del proximo: en no amar á Dios comete el hombre la mayor, y mas sacrilega ingratitud; y en no amar al proximo, la mas execrable inhumanidad. ¿Pues qué se debe esperar de un hombre que desconoce el beneficio, y el bienhechor; y de un monstruo que mira con odio á sus mismos hermanos? ¿Qué se debe esperar? Qué? tratar con vilipendio

dio á su propria naturaleza, y negar los beneficios de la gracia; y tras de estos dos abominables excesos, pisar los misterios de la Religion, y anular todos los privilegios de la humanidad.

¿Pregunto, si los que proceden por el infeliz formulario de las máximas del mundo, y los que ignoran la Lei del amor de Dios, y del proximo, aunque sean del gran numero de los llamados, serán del corto numero de los escogidos? La respuesta que podemos dár para la comun instruccion es inquirir y exâminar si nuestros procederes son conformes á la conducta de los Cristianos de la primitiva Iglesia. Los primeros Fieles llenos del deseo de los bienes eternos, vivian en un perfecto desaproprio de los bienes criados, haciénciendo comun todo lo que poseían, para que los pobres y necesitados hallasen en este general depósito medios para aliviar sus miserias.

A vista solo de este exemplar, podremos conocer si será grande entre nosotros el numero de los escogidos. No debemos asustarnos al oir que los antiguos Fieles se desasian gustosamente de sus proprios bienes, porque al parecer se ha hecho, en cierto modo, tan suave esta practica, que ya no se nos pide un absoluto desaproprio de la herencia de nuestros padres: no se condena la posesion de una heredad, de un campo, de una casa, ni de los bienes que legitimamente nos hubieren dexado nuestros padres, ó nuestras madres. Convengo tambien en que si poseemos algunas ricas haciendas,

das, estas mismas pueden ser un auxilio mui poderoso para lograr con él nuestra salvacion; pero es necesario para esto tener humildad de espiritu, y desasimiento en el corazon. Pero vuelvo á preguntar, ¿si esta pobreza de espiritu, y este desasimiento del corazon es común entre nosotros? ¿Y si nos falta esta humildad, y este desaproprio, no será cierto, que la infraccion de este solo punto del Evangelio, condenará á inumerables Cristianos?

Pues aun no es esto solo todo lo que practicaban los primeros Cristianos: no se contentaban con que reinase entre ellos una dulce union, una amable caridad, un desinterés evangelico, y un absoluto desaproprio de todos los bienes caducos; tenian tambien una

una particular oposicion á todos los placeres de la vida. Ser Cristiano entonces, era padecer contradiciones, y oprobios por todas partes, crucificar la carne, mortificar los miembros, y avasallar todas las pasiones. Ser Cristiano entonces, era tener lugar señalado en las Cárceles, y Calabozos, estár expuestos cada instante á perder la vida en cadahalsos y suplicios. Ser Cristiano entonces, era por último verse expuesto al furor, y á la barbarie de los Tiranos, y verse tambien el blanco de la contradiccion de sus proprios hermanos. Aquellos dias tristes, y nebulosos de la persecucion se han pasado, la tempestad se ha desvanecido; ¿pero en un tiempo mas tranquilo y sereno? en un tiempo en que la calma es tan risueña, es-

ta-

tamos nosotros preparados para salir en caso necesario á la batalla? ¿Tenemos nosotros la misma fidelidad de los primeros Cristianos? ¿Qué digo yo? Las contradicciones mas leves nos abaten, y los encuentros mas futiles nos derriban.

No nos engañemos: estamos mui distantes de parecernos á los primeros Cristianos. Estudiemos bien lo que nos manda, y prescribe nuestra santa Religion; y verémos si podrémos lisongearnos de que entrarémos algun dia en el corto numero de los escogidos. Quiere nuestra Religion que todos nosotros nos parezcamos á Jesu-Cristo, en cuyo nombre fuimos bautizados: que manifestemos en todas las acciones de nuestra vida que vamos conformes con la

su-

suya, porque en esta conformidad está fundada nuestra eleccion, y nuestra predestinacion dichosa. Y tengamos por cierto, que si esto nos falta, está el Cielo cerrado para nosotros. Ahora bien: llevando nosotros la vida que llevamos, sumergidos en disoluciones, envueltos en placeres indecentes, freqüentando los lugares mas peligrosos y hallandonos en tantas concurrencias, en las que la virtud peligra, ¿podremos con alguna certidumbre salvarnos? ¿Podremos, estando tan distantes de la virtud, y tan cercanos al vicio, prometernos ser del corto numero de los escogidos?

Pero me direis, si lo dicho hasta aqui es verdad, no nos queda otro asilo que la desesperacion. ¿Y quién de nosotros podrá lisongeargearse de que logrará la salvacion? ¿Fuera de esto, no sabemos muy bien, que el ultimo instante de nuestra vida es el que ha de determinar nuestra dicha, ó nuestra desventura eterna? Esto es lo mismo que decir, que para vivir tranquilos en el desorden, pretendemos reposar sobre todos los socorros que la Religion ofrece á los mayores pecadores en la hora de la muerte: es lo mismo que decir, que fundamos nuestra esperanza en la misericordia de Dios, que es infinita; es lo mismo que decir, que vivimos seguros, aunque engolfados en nuestros vicios, sobre la facilidad de recibir los Sacramentos, y sobre algunos sentimientos de penitencia y dolor, que vienen en los ultimos instantes de la vida. ¡Pero ay de mí! Si estās fueran

ran pruebas seguras y ciertas de conversion, ¿quántos Cristianos se salvarian? y entonces quedaria mui desairado el infalible oraculo de Jesu-Cristo, que nos dice: *Muchos son los llamados, pocos los escogidos.* ¡Ay de mí, cómo nos engañamos! ¡Ay de mí, cómo nos perdemos! La esperanza de bien morir, despues de haber vivido mal es una esperanza mal fundada, una esperanza ilusoria, y una esperanza temeraria. Si no se ha servido á Dios con fidelidad durante la vida, ¿cómo es posible volver á él en el ultimo trance de la muerte? Conjuremos con el santo temor de Dios esta ilusion peligrosa; y creamos con toda certidumbre, para que vayan á menos nuestros desórdenes, *que son muchos los llamados, y pocos los escogidos.* Pa-

Para conocer bien quál es el camino del Cielo, es preciso consultar lo que nos dice Jesu-Cristo: Abramos el Evangelio, leamos sus maximas, meditemos sus preceptos: exâminemos nuestra vida, miremos sin pasion nuestra conducta, y al careó del Evangelio, y de nuestro modo de vivir, conoceremos si vamos por el camino de la salvacion: el Evangelio nos habla tan claramente sobre este asunto, que todos, hasta los mas ignorantes, son capaces de entenderle. Dice, que los que oían hablar á Jesus del Reino de Dios le preguntaron, si era verdad que eran pocos los que se salvaban. ¿Y qué respondió el Salvador á esta pregunta? Dijo: La puerta es estrecha, trabajad, pues, y hacer quanto podais para entrar por ella.

En

En esta suposicion, es un error considerable el mirar la salvacion como cosa mui facil, y como un negocio que requiere poco cuidado: es un error el creer que podremos salvarnos sin hacer grandes esfuerzos; conseguir el Cielo sin arrebatarlo, y sin hacernos violencia á nosotros mismos: es un error, y error gravísimo, el creer que un estado de pereza, é inaccion, que nos dexa, digamoslo asi, perplexos entre el vicio, y la virtud, y que una vida esenta de grandes pecados, pero vacía asimismo de buenas obras, puede asegurar nuestra eleccion. Lo que no tiene duda es, que si pretendemos entrar en el corto numero de los escogidos, es preciso necesariamente que nos cueste mui grandes esfuerzos.

Aun-

Aunque hemos hecho vér quán penoso es el camino que nos lleva al Cielo, no por esto hemos de creer que es un camino sin consuelo, ó desesperado. Quando pedimos la privacion de tantos placeres prohibidos, el huir de las ocasiones que nos arrastran al mal, la vigilancia sobre nosotros mismos, y la victoria de nuestras pasiones; no por esto hemos de creer que en la práctica de la virtud hai espinas, y no flores; ni menos que la obra de la salvacion está rodeada de dificultades invencibles, sin mezcla alguna de consolacion, y alegria. Es mui al contrario, y lo vereis demonstrablemente si haceis un sério exámen de vuestras obligaciones; porque es cierto que Dios no alivia, favorece, ni llena de consuelos sino á los que
se

se fatigan en su servicio; y es ciertísimo que no hai mayor consuelo, ni mayor alegria que el testimonio de una conciencia pura; y si no, poned los ojos en un pecador agitado de sus vicios, y en un virtuoso que vive tranquilo aún rodeado de los mayores trabajos. El pecador siente la mas terrible amargura en sus placeres, y delicias, porque las llena de hiel el gusano roedor de la conciencia; y el virtuoso circundado de molestias, fatigas, y disgustos, halla todo regalo, y contento, porque la esperanza de que mira Dios sus obras, llena de una dulzura inexplicable su corazon, y su alma.

Es cierto que asustará á los mas animosos y valientes del mundo la incertidumbre de la salvacion, si se páran atentamente á con-

considerar quál será su ultimo fin. Esta misma incertidumbre que, á la verdad, es tan espantosa, es tambien útil y necesaria. En qualquier estado que nos hallemos hai siempre una incertidumbre de la salvacion, en la que ha tenido por conveniente Dios dexarnos, para que á un mismo tiempo vivamos en una continua dependencia de su grácia, y en una incesante desconfianza de nosotros mismos. Esta incertidumbre es mui util y mui necesaria; pero hay otra incertidumbre, en la que cae el hombre voluntariamente, que no puede dexar de ser efecto de la formidable frialdad é indiferencia con que mira su salvacion, y esta es preciso absolutamente destruirla: esta incertidumbre es aquella indiferencia en que vive el mayor nu-

número de los Cristianos que, quando se les habla de la salvacion, dicen que ellos quieren salvarse como los demás, pero se quedan á la margen de sus deseos, y no quieren agregar las obras á las palabras. Esto no obstante, y para no arriesgar un negocio de tanta importancia, es preciso fundar la confianza en razones sólidas.

Ahora bien, ¿ sobre qué fundamos nosotros nuestra esperanza? ¿con qué meritos pretendemos hacer cierta nuestra eleccion? Esto es lo que debemos exâminar con el mayor cuidado; y para no engañarnos en una investigacion de tanta gravedad, es preciso que oigamos de nuevo á nuestro divino Salvador. El camino de que este Señor habla, y que conduce

al

al Cielo es estrecho: para discernirle bien, hemos de considerar lo primero las pocas personas que ván por él; porque siempre es el corto numero el que vá por el camino de la justicia, y rectitud: el camino que conduce á la perdicion es grande, ancho, y espacioso: miremos si por este camino vá el mayor numero, porque siempre la multitud vá por el camino mas trillado. Esta es la regla que nos ha de dirigir, considerando si nosotros seguimos el corto numero; y si asi es, tengamos confianza en la misericordia divina; pero marchemos siempre por el camino de los pcos, si queremos ser de los escogidos, y no nos desviemos de él. Vamos por el buen camino, pues esperemos sobre la palabra del mismo Dios, que nos llevará al término feliz;

pero si vamos con los muchos, si hacemos lo que hace la multitud, esto es, si somos vengativos con los vengativos; deshonestos con los deshonestos; maldicientes con los maldicientes; aváros con los aváros, y crueles con los crueles, segun lo que Dios nos dice, temblemos, porque á la verdad, hai mucho que temer. ¿Qué digo yo temer? Si de este modo vivimos, es infalible nuestra perdicion. ¿Por qué ha de ser asi me direis? Porque esta conformidad de maxîmas, de costumbres, y usos con la multitud, es una presuncion casi infalible de la reprobacion; porque para ser del corto numero de los escogidos, es indispensablemente necesario no ir con los muchos, ni parecerse á ellos; pero sí imitar quanto nos sea posible los buenos
pro-

procederes de los primeros Cristianos.

Para animarnos mas y mas á no apartarnos del camino de la salvacion, voi á exponer ahora los motivos que á ello nos empeñan. El primero es respecto á nuestro corazon, al que debemos procurar la tranquilidad y el reposo; y cuyo estado infelíz y lastimoso, causa inumerables veces nuestro llanto y afliccion. Porque si procedemos de buena fe, y queremos confesar la verdad, no podemos negar que no hai situacion mas cruel que la de un corazon apartado de la virtud, y por consiguiente fuera del camino de la salvacion. ¡Quántas perplexidades, quántas ansias, quántos temores, y quántos ahogos y sobresaltos siente el corazon agitado

de

de un pecador, quando se le viene á la memoria el peligro en que vive entregado á prohibidos placeres, ó á tanta multitud de desordenes, como trae consigo la disipacion, y el libertinage de los deseos! El que quiera vivir en paz con todos, y consigo mismo, gozar de su sér y vida con sosiego, vaya vigorosamente por el camino de la virtud. La razon y la Religion piden esta felicidad del hombre : la razon aconseja que debemos evitar las inquietudes de la vida presente ; y la Religion nos dispone y prepara para recibir con mansedumbre y tranquilidad aquellos ultimos instantes de la vida, que desea con fervoroso y santo anhelo el buen Cristiano, y teme con inexplicable sobresalto el pecador.

El

El segundo motivo que nos excita, y debe animarnos á ir sin extravío por el camino de la salvacion, es el tiempo: éste pasa con indecible rapidez: el tiempo, que todos hemos malogrado en nuestros desordenes y extravíos, yá es tiempo pasado para nosotros, que es lo mismo que decir, tiempo del que yá no podemos aprovecharnos: asi como se pasó, llevandose nuestras extravagancias y abominaciones, se hubiera pasado cargado con nuestras virtudes; pero con esta diferencia, que utilizado para nuestra salvacion, nos daria consuelo; y lleno de nuestra mala conducta, aunque pasado, le tenemos presente para nuestra afliccion y pena. Con la consideracion de la brevedad del tiempo animaba San Pa-

Pablo á los Fieles de Corinto, en los lances y ocasiones mas criticas de la vida. El tiempo es mui corto, les decia: *tempus breve est*, está para finalizar: el mundo no es sino una figura, que en el aire se desvanece: los males que ahora padecemos, no son sino nubes que pasan; lo que nos importa es conocer nuestro curso y carrera, para lograr el premio que pocos alcanzan: es verdad que el camino es algo penoso, pero nos queda el consuelo de que es corto: nuestra peregrinacion es triste, pero no es larga. Todos quántos vivimos en el dia, estamos á la márgen de la sepultura, aunque nos falten que vivir algunos años, algunos meses, ó algunos dias, pero lo cierto es, que el que hubiere corrido bien en este valle de de lagrimas, sin duda descansará en el pecho amoroso del mismo Dios. ¿Necesita la flaqueza, ó pusilanimidad humana, un estímulo mas poderoso para correr vigorosamente por el camino de la salvacion? ¡Ay de mí! aunque la peregrinacion, ó hablando con mas propriedad, el tiempo de nuestro destierro fuera mucho mas largo, ¿qué proporcion puede haber entre las penas pasageras y momentaneas de esta vida, con la inmensidad de gloria que ha de coronarnos al fin de la jornada?

El tercer motivo para animarnos á caminar rectamente por la senda de nuestro mayor bien, es el cuidado que debemos tener contra las funestas desgracias que por todas partes nos circundan y amenazan. Vivid como os parezca;
re-

resistid tenaces contra estos avisos; impugnad la verdad; y atolondrad vuestra propia razon con el incesante rumor de vuestras favorecidas pasiones : las verdades que, por inspiracion del Espiritu Santo, se ha anunciado en este libro, no serán menos ciertas é indubitables; y porque se hayan repetido tantas veces, no por esto tendrán menos fuerza ni dexarán de producir su efecto. Inumerables veces se ha dicho con Jesu-Cristo, que si el número de los llamados es grande, *multi vocati*, es asimismo verdad, que el numero de los escogidos es mui corto, *pauci electi.*

Sería un gran desconsuelo haber propuesto las dificultades de conseguir nuestra dicha eterna, y no dar algun medio de vencer los obs-

obstáculos, y conseguir, aunque no sin trabajo, la felicidad de ser del corto numero de los escogidos. Concluyamos pues este artículo, proponiendo los medios de que podemos valernos para ser eternamente dichosos. ¿Queremos tener una prenda segura de nuestra salvacion? pues desvelemonos sobre nosotros mismos: *vigilate.* Estemos en continuo acecho de nuestros sentidos, de nuestro espíritu, y de nuestro corazon: observemos con vigilancia prudente el rumbo de nuestras inclinaciones, la inclinacion de nuestros deseos, y el deseo de nuestras pasiones y apetitos: exâminemos con severidad dónde pone la mira nuestra imaginacion, qué anhela nuestro natural, y qué solicita nuestra propension: miremos atentatamente á donde se dirigen nuestros pensamientos, qué fin se proponen nuestras acciones, y qué quieren decir nuestras palabras: sea incesante nuestro desvelo sobre todo lo que nos rodea, y sobre todo quanto hai dentro de nosotros mismos: estemos alerta, y bien armados contra las maximas del mundo, contra sus placeres, contra sus discursos, contra sus aversiones, y contra sus afectos: *Vigilate omni tempore*. Estemos desvelados, no solo en aquellos instantes de fervor, que suelen excitarse en el alma, sino en todo tiempo: no solo quando nos asaltan terribles enemigos, sino tambien entre aquellos mismos que nos parecen menos fieros; no solo en las ocasiones mas peligrosas, sino tambien en aquellas en que pa-

parece hai menos peligro: desvelemonos, no con tibieza y floxedad, sino con actividad y fortaleza; no con pusilanimidad y sin frutos, sino con generosidad que produzca saludables efectos: *Omnibus dico, vigilate.* Con todos hablo en nombre de Jesu-Cristo: contigo hablo primero, juventud poco experimentada, cuya razon obscurecida y debilitada por el amor á los placeres, te hace capaz de todo genero de impresiones: á vosotros tambien lo digo ancianos, con vosotros hablo decrépitos, con vosotros, que habiendo llegado yá á una edad abanzada, experimentais que la pasion crece, y es mas vigorosa, y que con la debilidad del cuerpo, sentis poco menos que muerto el espiritu; pues entregada toda vuestra razon al sentimiento de vuestros achaques y dolencias, solo teneis fuerzas para quexaros, y ningun valor para arrepentiros. Con todos hablo, y á ninguno excluyo: *Omnibus dico, vigilate.* (*)

§. VI.

SON VANOS LOS PRETEXTOS, y mui ruinosos los abusos, que alegan los malos Cristianos contra la Lei Santa del Evangelio.

Para manifestar de un modo conveniente, y digno del asunto que tratamos lo que propone-

―――――――――――――――

(*) Todo este Discurso se ha extrahido del Diccionario Apostólico del P. Jacinto Montargon.

nemos ahora, es preciso tener presentes las muchas preocupaciones que hacen frente, y aun se sublevan contra la Lei Evangélica. I.ª preocupacion: Comunmente se mira á nuestra Santa Lei como humilladora y sonrojosa; y al contrario, no hai cosa alguna mas gloriosa, y excelsa. II.ª preocupacion: Se considera esta Santa Lei como triste, y enojosa; y es todo al revés, pues no hai cosa mas amable, y que cause tan verdadera y sólida alegria. III.ª preocupacion: Se teme como superior y excesiva á nuestra natural cobardia y flaqueza, y es un engaño mui funesto, pues no hai cosa mas facil que practicarla. IV.ª preocupacion: Se alega que esta Santa Lei está llena de obscuridades, é incertidumbres; y es error notable, y mui

per-

perjudicial, pues no hai cosa alguna mas clara que nuestra Santa Lei, ni mas facil de entender.

No basta destruir estas falsas preocupaciones que nos proponen como impracticable la Santa Lei de Dios; es preciso tambien confundir los abusos que hacen inutil, é infructuosa su observancia. Tres grandes abusos hai en el mundo sobre la práctica de la Lei del Señor. I.º abuso: El de los mundanos, que pretextan que en ciertos estados, clases y condiciones puede uno dispensarse de practicar rigurosamente nuestra Santa Lei. II.º abuso: El de algunas personas regulares que creen, que observando los puntos mas importantes de la Lei, se pueden omitir otros no tan graves. III.º abuso: (que puede llamarse judaico) es el de los falsos Cristianos que se contentan con las exterioridades de la Lei, y se lisongean que de qualquier modo que la observen, deben vivir tranquilos, y con la esperanza de salvarse. A los primeros es mui importante hacerles vér que el cumplimiento de la Lei es indispensable en todos: á los segundos debe enseñarseles que la Lei es universal en todos sus articulos; y á los ultimos es preciso convencerlos de que para observar bien la Lei, es necesario cumplir lo que manda, mirando siempre á Dios, y no á motivos humanos.

Aunque las leyes humanas sean bien concebidas, y prudentemente fundadas, siempre están expuestas á comentarios, excepciones y privilegios, y por consiguienguiente, no siempre pueden observarse á la letra, porque los que las hicieron, siendo hombres, tan débiles en sus luces como limitados en las facultades, no pudo dexar de escaparse algo á su prudencia, ó á su autoridad; pero quando Dios habla, quando manda, ó quando impone una lei, esta lei no puede sufrir alteraciones; porque siendo sus luces infinitas, é inmenso y sin límites su poder, puede todo lo que quiere; y nada quiere que no sea justo y conveniente. Esta sola consideracion debería ser suficiente para inspirarnos aquella humilde sumision que toda criatura debe á las Leyes de su Criador. Pero sucede mui al contrario, á causa de que sus santas Leyes son opuestas á las inclinaciones corrompidas de la naturaleza; y por esta

ra-

razon hace quantos esfuerzos son posibles para impugnarlas, y aun destruirlas. Al principio se hace intérprete de la Lei, y con sutilezas, y estudiadas cavilosidades, solicita no instruirse, sino cegarse.

Es bien sabido, que el espiritu del hombre halla facilmente razones para colorear su desobediencia: nunca es mas fecundo, y persuasivo que quando intenta justificar su rebeldía: nunca mas eloqüente que quando solicita enervar ó destruir la fuerza de un precepto que condena el desorden de su vida, y sus extravíos. El amor propio, que reina en su corazon, sabe disfrazarle agradablemente sus injusticias: siempre dipuesto para sacudir el yugo de la obediencia que debe á su Criador,

sa-

sabe forjar inumerables vanos pretextos para substraerse de ella: lleno de sí mismo, y obstinado en su propio dictamen, substituye en lugar de las verdaderas obligaciones, frívolas, y ridículas etiquetas mundanas: produce mas razones para dispensarse de la Lei, que obligaciones halla en ella. Llevando el hombre en su corazon, como dice San Agustin, una semilla de rebelion, que él llama libertad: se franquéa él mismo una sumision arbitraria: derriba las barreras respetables de la Lei: inventa infinitos pretextos lastimosos para eximirse enteramente, ó á lo menos para no observar sino la mitad de la Lei.

Para conocer mejor toda la falsedad de la preocupacion que reina entre los mundanos, (que
pa-

para evadirse de la Lei, no se afrentan de atribuir á su observancia una nota de rubor, vergüenza, y poquedad) basta, á lo que yo entiendo, considerar lo primero: quién es el Autor de esta divina Lei: lo segundo, aquel á quien esta Lei se impone. Estas dos razones bien meditadas, nos precisan á inferir contra los mundanos, que no hai cosa mas ilustre y gloriosa para el hombre que la observancia de esta Santa Lei.

¿Quién ha hecho esta Lei? El unico Señor, y absoluto Soberano de todas las cosas criadas. Por él reinan los Reyes: á él le deben sus Cetros y sus Coronas; y las Leyes que ellos hacen para sus subditos, solo por el Señor de todo lo criado tienen fuerza y vigor: *Per me Reges regnant, per me me Principes imperant*: por ultimo, Dios solo es el Soberano, Dueño, y Señor del Mundo. ¿Ahora bien, hai pusilanimidad, ni podrá considerarse como afrenta el obedecer á las criaturas quando la Providencia ha tenido por conveniente colocarse para que nos manden, y á nosotros nos impone la justísima lei de obedecerles? ¿No se tiene por grande honor servir á un Principe poderoso y absoluto? Y respecto á la soberanía divina, ¿hai cosa mas excelsa y gloriosa que someterse á las augustas Leyes que nos imponen aquellos que están destinados para hacernos observar la Lei de Dios? Pero el que nos dá la Lei santa, no solo es el mas absoluto de todos los Señores, sino tambien el mejor y mas amoroso so de todos los Padres. ¿Qué sería de nosotros, los Cristianos, si este Dios justo y misericordioso llegára á abandonarnos? Este Dios todo amor es el que nos alimenta, el que nos mantiene y conserva, el que nos colma de tantas gracias, quantos instantes hai en nuestra vida. Ahora bien, ¿y será baxeza el conocer en este altísimo Señor un caracter de superioridad que nos someta á las Leyes que nos impone? ¿Cómo es esto? ¿Será gloria, y honor para un hijo el obedecer á su padre, y será vergonzoso el obedecer, y observar los Preceptos y las Leyes que nos intime el mejor y mas tierno de todos los padres? ¡O Dios mio! ¿podrán llamarse justamente racionales, los que no quieren reconocer la gloria que lleva con-

si-

sigo la obediencia de vuestra Santa Lei?

¿En qué consiste la gloria de un hombre, sino en cumplir perfectamente todas sus obligaciones y deberes? Esta, y no otra es la idea que se forma del verdadero mérito. ¿Luego qué hombre, sea el que fuere, cumplirá mejor todas sus obligaciones, que aquel que observe rigurosamente la Lei santa de Dios? Esta santa Lei es la que nos dá á entender y conocer su importancia, la que nos señala su amplitud, y la que dirige nuestra intencion. Esta santa Lei es como un espejo fiel, en el que con solo mirarse conocerá cada uno lo que es, y lo que debe ser: sin ella no sabemos, ni lo que debemos temer, ni lo que debemos desear. Ultimamente, esta santa Lei es

la

la que nos enseña lo que nos debemos á nosotros mismos, lo que debemos á nuestro próximo, y lo que debemos á Dios.

Solamente la Lei Evangélica es la que puede enseñar al hombre á conocer sus obligaciones personales, y á desempeñarse de ellas con fidelidad, y exâctitud; y aun me atrevo á decir, que toda la Filosofia pagana, con todas sus luces y conocimientos, jamás llegó á este grado. Deleites brutales en el Epicurëo: vana obstentacion en el Estoico: afecto grosero á la dicha temporal en el Judío; pero olvido, menosprecio, abnegacion, y odio de sí mismo solo se halla en el Cristiano: olvido á vista de su destierro: menosprecio á vista de su baxeza: abnegacion á vista de sus imperfecciones; y odio á
vis-

vista de su malicia, y desordenes.

La Lei santa del Evangelio le manifiesta al Cristiano lo que le debe á su próximo; y animado de la divina caridad que une en una misma Sociedad los entendimientos, y los corazones, que dilata y estiende al alma fuera de sí misma, se siente poseído el buen Cristiano de una santa inquietud, y fervoroso anhelo al vér las necesidades, ó urgencias de sus hermanos: lo mismo es para él tener riquezas que no tenerlas. Dadme, decia San Agustin, un Reino compuesto de Cristianos, sometidos á la Lei; y yo aseguro, que se gobernarán sin la menor molestia y trabajo. ¿Y por qué esto? porque solamente la Lei de Jesu-Cristo tiene poder para formar verdaderos padres racionales, hijos

jos humildes y obedientes, esposos fieles, esposas condescendientes, amigos sincéros, y Principes religiosos. Por un efecto necesario de esta santa Lei, reina la buena fé en el trato y comercio, la equidad en los Tribunales, la tranquilidad en los Estados, el buen orden en las Ciudades, y la seguridad en los Reinos; ultimamente, la Lei de Jesu-Cristo forma el verdadero hombre de bien, el hombre recto, el hombre Cristiano, y aquel hombre universal, segun San Pablo, que por una amable condescendencia sabe hacerse de todos. El buen Cristiano es un Jacob en el amor paternal; un Isaac en la obediencia; un Josef en la ternura fraternal; un Jonatás en la constancia de su amistad; y un David en su infidelidad invio-
la-

lable á su Principe: El buen Cristiano, si reina, es un Josías en la piedad; si juzga, un Salomón en la prudencia; y si triunfa un Josué en el heroismo.

La Lei santa del Evangelio es la que nos enseña á darle á Dios lo que es suyo, y á tributarle aquel justo vasallage que le debemos. Apartense de nosotros aquellas deidades víciosas que no podian atraher para su obsequio los corazones: fuera de aqui, aquellos ridiculos adoradores que no amaban los Dioses á quienes adoraban: su espiritu, aunque engañado, de ningun modo pudo arrastrar su corazon al engaño: un no sé qué secreto amor del verdadero bien les impedia el consagrarse á Idolos sordos é insensibles. ¡Ay Dios mio! á vuestra Santa ta y divina Lei se reservó el darle á conocer al hombre lo que debia adorar, y amar. Alistados bajo las amables Leyes del Cristianismo, hemos entendido, que dependiendo de Vos solo, solo Vos sois, Señor, el que debe ocupar nuestro entendimiento, y nuestro corazon: nosotros adoramos con profundo respeto vuestras ordenes: seguimos ciegamente vuestra voluntad: tememos vuestra justicia; é imploramos vuestra misericordia; y con esta humilde confesion de nuestra dependencia, honramos, quanto es posible á una débil criatura, vuestra divina soberanía, y grandeza.

Exâminemos con cuidado todos los mundanos que se glorían con las cosas criadas, y abandonan con descoco, y avilantéz la
Lei

Lei santa del Señor; y verémos, que no hai solo uno que haya llegado á el punto de gloria que admiramos en el justo. Puede ser que en algun mundano haya un exterior magnifico, talentos lucidos, qualidades exquisitas, buen índole, y un merito sobresaliente; pero entremos dentro: *fode parietem*, penetremos la muralla que nos oculta su corazon, y nos disimula su alma, y hallarémos una insensibilidad cruel para mirar sin sobresalto las aflicciones del próximo: una inquietud altanera contra la mas pequeña injuria: una ingratitud sin límites contra los beneficios y favores: una indocilidad rebelde contra todo quanto no adule sus pasiones: un interés abominable contra lo que no favorezca sus intereses: una va-

vanidad desordenada, y altiva para mirar con menosprecio las obras agenas: una sobervia intolerable contra todo lo que no le rinde vasallage; y por ultimo, un disimulo hypócrita, y engañoso para adular todo lo que supera su altivéz y designios. Como todos estos mundanos no buscan sino los vanos aplausos, y las frivolas recompensas del mundo, en todas sus obras caen en desvarros, y desordenes, que excitan la compasion luego que se abandonan al arbitrio de sí mismos. Todo lo contrario sucede al que observa la Ley del Señor: dueño éste de sus pasiones y de sí mismo, no buscando en la práctica de la virtud, sino la virtud, y siempre bajo los ojos de su Dios, no halla cosa que le turbe, inquiéte, ó desordenes

y

y no es menos irrepreensible, ni menos circunspecto interiormente, y en particular, que exteriormente, y á vista de todos. Luego no hai cosa mas racional, ni que dé mas honor que la observancia de esta Lei.

Para prueba de todo lo dicho, exâminemos qué nos pide la Lei. ¿Nos obliga por ventura á que nos despojemos de nuestros bienes, á que renunciemos nuestros empleos ó dignidades, á que no cuidemos de nuestra hacienda, á que no aumentemos licitamente nuestra casa? ¿Nos impone acaso el riguroso precepto de que no tengamos trato, ni comunicacion con las personas ajustadas, á que nos privemos de algunas diversiones, ó juegos inocentes, de visitas agradables y honestas, de placeres y recreos

que

que sirvan de alivio á nuestros trabajos, á nuestro estudio, ó á qualquiera otra ocupacion séria, y que sean correspondientes al lugar, ó empléo en que estamos colocados? No por cierto: nada de esto nos prohibe. Antes bien, esta Lei Santa del Evangelio que profesamos nos permite todas estas cosas, con tal que no excedamos los límites de la moderacion cristiana. Lo que la Lei Santa de Dios nos prohibe, son las perfidias, las injusticias, los dolos y fraudes, las impurezas y deshonestidades, los odios, los furores y enagenaciones, las vanidades, el interés abominable, las rencillas y zelos, la destemplanza, la ociosidad, las disoluciones, el adulterio, y generalmente todos los vicios y excesos vergonzosos que afrentan no menos al hombre de bien, que al buen Cristiano. Lease el Decalogo, y no se hallará en él cosa alguna, que nuestra misma razon no apruebe y confirme, si la consultamos sin pasion: los Idólatras mismos han atestiguado mil veces la equidad de nuestra moral, la prudencia, y discrecion de nuestras leyes, y se han convenido gustosos con ellas, no obstante ser Gentiles.

Todos quantos pretextos quiera alegar la delicadeza ó malicia de los mundanos, para dispensarse de la observancia de la Santa Lei del Evangelio, son nulos; yá se consideren respecto á la preocupacion, yá respecto al abuso. El Evangelio es uno mismo para el sabio, y para el ignorante; para el rico y para el pobre; para el
no-

noble, y el plebeyo; para el viejo, y para el joven; y ultimamente, para todas clases, edades, sexos, y condiciones.

En el primero y máximo precepto de la Santa Lei de Dios, se encierra todo quanto manda el Señor que obremos para gloria suya, y eterna felicidad nuestra. ¿Y quál es este precepto tan privilegiado por primero, y tan excelso por máximo? El amor de Dios; pues con solo amar á Dios con todo nuestro entendimiento, con toda nuestra alma, y todas nuestras fuerzas; y á continuacion amando á nuestro proximo como á nosotros mismos, cumplimos con lo que manda la Lei, y afirman los Profetas. San Agustin, que (despues de nuestro Señor Jesu-Cristo, y de su Santísima Ma-

Madre Maria nuestra Señora) es el mas precioso modelo del amor de Dios, decia á sus fieles: *Amad á Dios, y haced lo que quisiereis.*

Este es el primero, y principal Mandamiento. Es el primero en la obligacion, porque debe preferirse á todo; y para su observancia, en caso necesario, es preciso renunciar el proprio honor los proprios bienes, amigos, y placeres, su proprio cuerpo, y hasta la propria vida. Es el primero en la autoridad, porque mira inmediatamente á Dios, y este mismo Señor nos le ha intimado, debiendo preferirle á todas las cosas. Es el primero en la dignidad, porque es el fundamento de todos los demás preceptos, y el complemento y perfeccion de todas nuestras buenas obras. En el el primero en la necesidad, porque sin él todas las virtudes son estériles, é infructuosas. Es el primero en el merito, porque sin la caridad todas nuestras acciones, por buenas que sean, nada merecen para conseguir la bienaventuranza. Es el primero en la dulzura, y suavidad, porque la caridad hace dulce, y suave el yugo de Jesu-Cristo, llenando el alma de paz, y de la uncion del Espiritu Santo. Es el primero en la eficacia, porque nos dá fuerza, y valor para cumplir con los demás preceptos; y es sin duda, pues el que ama á Dios no hace cosa que pueda disgustarle, y mucho menos obra la mas leve capaz de ofenderle. De aqui debe inferirse, que aquel que no teme á Dios de ningun modo tiene caridad.

EX-

EXCLAMACION.

¡O Dios mio, me asombra, y asusta esta formidable sentencia! El que ofende á Dios, de ningun modo tiene caridad. Yo que tanto os he ofendido, y tanto os ofendo, ¿quán apartado me hallaré de vuestro santo amor? Quitadme, Señor, todos los bienes, todos los gustos, todo lo mas apreciable de la tierra; y lo que es mas sensible, reducidme al estado de la mas grosera ignorancia, con tal que, en cambio de todo quanto puede dár el mundo, me concedais la gracia de vuestro santo amor, para amaros á Vós sobre todas las cosas, y á mi proximo como á mí mismo por amor vuestro. No permitais, liberalísimo
Cria-

Criador mio, Redentor, y Salvador mio, que yo sea tan infeliz como aquel demonio, que preguntado por un Sacerdote que le conjuraba cómo era su nombre, respondió por boca del energúmeno: *Yo soi aquel miserable é infeliz, privado del amor de Dios.* No permitais, Señor, por vuestra misma infinita, é inagotable misericordia, que nos veamos privados de vuestro santo amor, ni del amor de nuestro proximo, atendiendo siempre á vuestro respeto. No tenemos, Señor, en el estado infeliz á que ha venido el mundo, otro modo mas facil, ni mas eficaz para asemejarnos á los primeros fervorosos Cristianos, que amaros á Vos sobre todas las cosas, y al proximo como á nosotros mismos por amor vuestro: concedednos, Señor, esta gra-

gracia, para que de Cristianos poco fieles, pasemos á ser Cristianos verdaderos en las obras, y en el nombre.

Fin de este tomo II. y ultimo.

CAPITULOS QUE CONTIENE
este Tratado del Cristiano de estos Tiempos, y sus Ilustraciones.

TOMO PRIMERO.

CAP. I. *Del origen del Cristianismo, pruebas de la verdad de su establecimiento, y de las recompensas que promete á los Justos*; desde el folio 1. hasta el 14.

Cap. II. *Los Libros del Cristianismo son los primeros del mundo,* do, y serán los ultimos; desde el fol. 14. hasta el 28.

Cap. III. *Nadie se ha podido salvar en la Lei antigua, ni en la nueva, sino por la Fé de Jesu-Cristo: se prueba esto de un modo casi demostrable; desde el fol. 28. hasta el 31.*

Cap. IV. *De la pureza del Cristianismo, y de las virtudes que acreditan á los que verdaderamente le profesan: virtudes que no se hallan en ninguna de las falsas religiones; desde el fol. 32. hasta el 45.*

Cap. V. *Pocas personas procuran adquirir la perfeccion Cristiana, motivo de que duden de su santidad los impíos, y se propaguen tan lastimosamente los incrédulos; desde el fol. 45. haste el 61.*

Ca-

Cap. VI. *Del poder del Cristianismo, desconocida del mayor numero de los hombres, porque no profesan las virtudes que manda, y se abandonan infelizmente á los vicios que prohibe; desde el folio 61. hasta el 72.*

Cap. VII. *Del espiritu de Adán que subsiste en nosotros, y debilita el espiritu de los Cristianos, haciendonos cobardes para lo bueno, fuertes, y atrevidos para lo malo; desde el f. 73. hasta el 86.*

Cap. VIII. *Del espiritu del mundo, que destruye en nosotros los sentimientos, y principios de la Religion; desde el f. 87. hasta el 106.*

Cap. IX. *De las causas de la decadencia de las costumbres en el Cristianismo, ocasion funesta de dár que decir, y blasfemar á los incrédulos; desde el f. 106. hasta el 124.*

Cap.

Cap. X. De la austeridad de la primitiva Iglesia, y de los medios de imitarla, si no en la aspereza de las mortificaciones, en la mortificacion de los vicios, y privacion de los ilícitos placeres; desde el folio. 125. hasta el 154.

Cap. XI. Es tan grande la perversion de la vida del mayor numero de los Cristianos de nuestros dias, como es eminente la santidad del cristianismo; vergonzosa para nosotros, y de mucha gloria para los primeros Cristianos; desde el folio. 155. hasta el 195.

Cap. XII. De las desgracias que causa la relaxacion de los Cristianos, y cómo serán castigados, si mueren sin verdadero arrepentimiento, con mucha mas severidad que los Paganos, y Judíos; des-

desde el fol. 195. hasta el 236.

Cap. XIII. *La costumbre del público no ha de ser la del Cristiano, y el que vaya por el camino de los muchos, no será del numero de los escogidos;* desde el fol. 237. hasta el 262.

Cap. XIV. *De la necesidad de reformarse cada uno á sí mismo antes de trabajar en la reforma del Género Humano, autorizó esta doctrina Jesu-Cristo;* desde el fol. 262. hasta el 284.

Cap. XV. *De los socorros que tenemos contra la relaxacion del siglo;* desde el fol. 285. hasta el fin de este tom. I.

TOMO II.

CAP. I. *La vida de los Cristianos no puede ser santa, sino en quanto se ocupen en la memoria*

...ria de la muerte; desde el fol. 1. hasta el 31.

Cap. II. Ninguno puede asemejarse á los primeros Cristianos, sino imitando su candor, y sencillez, y las demás virtudes que causaban asombro, y veneracion en los mismos Gentiles; desde el fol. 32. hasta el 51.

Cap. III. Nadie puede salvarse sin padecer la nota de extraordinario, porque el dominio de las pasiones, y la tirania de la sensualidad, han hecho que apenas muestre su hermosa cara la virtud; desde el fol. 52. hasta el 64.

Cap. IV. De la devocion mal entendida, y daños que causan la supersticion, y la hipocresía; desde el fol. 65. hasta el 87.

Cap. V. De los varios medios que hai para adquirir la verdadera de-

devocion; desde el fol. 88. basta el 113.

Cap. VI. De la necesidad de la gracia para obrar bien, y salvarse; desde el f. 114. basta el 137.

Cap. VII. Consejo para los que piensan dexar su condicion, ó estado con la esperanza de trabajar en su salvacion con mas seguridad; desde el f. 137. basta el 159.

Cap. VIII. Aviso para todos los que leyeren esta Obra: es mui necesario para hacer fructuosa su lectura, desde el folio 160. basta el 180.

Cap. IX. De las consequencias que se deben sacar de esta obra, para comun utilidad de los que la lean, ú oigan; desde el folio 181. basta el 194.

Deprecacion; desde el fol. 195. basta el 200.

ILUSTRACIONES.

§. I. ¿Qué es un Cristiano? Considerada su dignidad, y sus obligaciones, se manifiesta la estraña disonancia que hai en decirse, y llamarse persona de tan alta nobleza, y gerarquia, y abatirse á las cosas mas detestables, y feas; desde el fol. 201. hasta el 211.

§. II. La dignidad, y obligaciones del Cristianismo, son las prerrogativas mas excelsas, y mas preciosas que quantos honores, gracias, y privilegios pueden conceder á un hombre todos los Soberanos del mundo; desde el fol. 211. hasta el 226.

§. III. Perfecta conformidad que hai

hai entre el hombre de bien, y el verdadero Cristiano; desde el fol. 227. hasta el 241.

§. IV. *La vida de los primeros Cristianos anunciaba la santidad de la Lei Evangélica*; desde el fol. 241. hasta el 255.

§. V. *Comparacion de los primeros Cristianos con los Cristianos de nuestros tiempos*; desde el folio 256. hasta el 302.

§. VI. *Son vanos los pretextos, y mui ruinosos los abusos que se alegan contra la Lei Santa del Evangelio: se manifiesta quán facil, y suave es su observancia, y en qué consiste toda la perfeccion del Cristianismo*; desde el fol. 302. hasta el fin.